AF282099

Competencias digitales avanzadas. IFCT46

Miriam Barberá Luque

ic editorial

Competencias digitales avanzadas. IFCT46
© Miriam Barberá Luque

1ª Edición

© IC Editorial, 2024

Editado por: IC Editorial
c/ Cueva de Viera, 2, Local 3
Centro Negocios CADI
29200 Antequera (Málaga)
Teléfono: 952 70 60 04
Fax: 952 84 55 03
Correo electrónico: iceditorial@iceditorial.com
Internet: www.iceditorial.com

ISBN: 978-84-1184-414-7
Depósito Legal: MA 2389-2024

Impresión: PODiPrint
Impreso en Andalucía – España

Nota de la editorial: IC Editorial pertenece a Innovación y Cualificación S. L.

Especialidad formativa

Se entiende por especialidad formativa la agrupación de contenidos, competencias profesionales y especificaciones técnicas que responde a un conjunto de actividades de trabajo enmarcadas en una fase del proceso de producción y con funciones afines.

Las especialidades formativas de Uso General, Formación Complementaria, Formación Modular y las especialidades formativas dirigidas a la obtención de certificados de profesionalidad se incluyen en el Fichero de Especialidades del Servicio Público de Empleo Estatal para su gestión en todo el territorio nacional por cualquier Administración competente.

Las especialidades complementarias, pertenecen todas a la Familia profesional de Formación Complementaria (FCO) y tienen la consideración de formación transversal en áreas que se consideran prioritarias tanto en el marco de la Estrategia Europea para el Empleo y del Sistema Nacional de Empleo como en las directrices establecidas por la Unión Europea. Se consideran áreas prioritarias las relativas a tecnologías de la información y la comunicación, la prevención de riesgos laborales, la sensibilización en medio ambiente, la promoción de la igualdad, la orientación profesional y aquellas otras que se establezcan por la Administración competente.

Las especialidades de Certificado de profesionalidad tienen una duración especificada en su normativa reguladora.

En el resultado de la búsqueda, se muestran las unidades de competencia, todos los módulos formativos con su duración y las unidades formativas del certificado correspondiente, con su duración. Las horas del certificado, exclusivo de las especialidades de certificado de profesionalidad, con alta igual o superior a 2008, son las horas totales más las horas del módulo de Prácticas Profesionales no Laborales.

➲ **Si la especialidad tiene unidades formativas,** las horas totales, presencial, distancia, teleformación serán igual a la suma de esas horas de las unidades formativas de los distintos módulos, sin que se repita ninguna Unidad formativa.

⬤ **Si la especialidad no tiene unidades formativas,** las horas totales, presencial, distancia, teleformación serán igual a las sumas de esas horas de los módulos formativos, eliminando las horas de los módulos repetidos.

https://sede.sepe.gob.es/especialidadesformativas/RXBuscadorEFRED/BusquedaEspecialidades.do

(Fuente: Servicio Público de Empleo Estatal)

Índice

Unidad de aprendizaje 4
Creación del contenido

Unidad de aprendizaje 5
Seguridad

Unidad de aprendizaje 6
Resolución de problemas

OBJETIVOS GENERALES

Los objetivos generales del **IFCT46. Competencias digitales avanzadas,** son:

- Adquirir las competencias digitales avanzadas que permitan "aprovechar la riqueza de las nuevas posibilidades asociadas a las tecnologías digitales" de acuerdo con Recomendación 2006/962/CE del Parlamento Europeo y del Consejo sobre las competencias clave para el aprendizaje permanente.
- Configurar el sistema operativo para poder sacarle el máximo rendimiento y mantenerlo siempre actualizado.
- Identificar las diferentes herramientas para tratar el contenido y la información en internet.
- Descubrir las diferentes posibilidades de comunicación en internet.
- Desarrollar los elementos fundamentales para la creación de contenido digital.
- Descubrir las principales herramientas de seguridad informática.
- Identificar los posibles virus que afectan al ordenador y eliminarlos.

Configuración básica del sistema operativo

Contenido

Objetivos

El objetivo general de esta Unidad de Aprendizaje es:

→ Configurar el sistema operativo para poder sacarle el máximo rendimiento y mantenerlo siempre actualizado.

Los objetivos específicos de esta Unidad de Aprendizaje son:

→ Distinguir las diferentes actualizaciones automáticas disponibles.

→ Resumir el proceso de instalación de nuevos programas.

→ Identificar los *drivers* de periféricos.

→ Determinar los tipos de certificados digitales y su uso.

→ Clasificar las diversas redes de datos existentes.

1. Introducción

El sistema operativo es una parte fundamental para el correcto funcionamiento de un dispositivo. Normalmente, cuando hablamos de sistema operativo nos referimos, sobre todo, al de un ordenador (bien sea de sobremesa o portátil), aunque es cierto que, actualmente, los *Smartphones,* las tabletas y otros dispositivos también cuentan con un sistema operativo.

En este caso, nos vamos a centrar en la configuración básica del sistema operativo de un ordenador. Y es que tener nociones de cómo se configura dicho sistema operativo y qué elementos se pueden actualizar o mantener es necesario para poder asegurar tanto el funcionamiento como la seguridad del dispositivo.

Así pues, hablaremos de qué son las actualizaciones y por qué es interesante activar las llamadas actualizaciones automáticas. También explicaremos la instalación de nuevos programas, de *drivers* de periféricos y de certificados digitales. Todos ellos son imprescindibles para conseguir un dispositivo funcional y que nos permita llevar a cabo diferentes tareas.

Por último, especificaremos en qué consiste la configuración de redes de datos y qué tipos hay, pues estas redes van a ser de gran utilidad en diversos ámbitos.

Para el desarrollo de esta unidad, nos centraremos en el caso de Juan, un hombre que ha decidido apuntarse a un curso de informática para aprender a utilizar y sacarle el máximo partido a su ordenador, puesto que sus conocimientos son básicos.

2. Actualizaciones automáticas

👉 HILO CONDUCTOR

Juan ha llegado a la primera clase del curso de informática y le han hablado de la importancia de las actualizaciones, sobre todo de las actualizaciones automáticas. Mantenerlas al día le permitirá tener un dispositivo más seguro y con mejoras.

Una de las primeras acciones que hay que conocer a la hora de configurar cualquier sistema operativo es la de las **actualizaciones del *software.***

 ## DEFINICIÓN

Actualización
Se trata del proceso por el cual se instala la última versión de un dispositivo o programa, en la que se incluyen mejoras. Se compone de un paquete de datos.

- -

Por norma general, estas actualizaciones incluyen soluciones a problemas que se generaban anteriormente en el sistema operativo y, en la mayoría de ocasiones, se incluyen también mejoras en materia de seguridad.

 ## SABÍAS QUE...

En ocasiones, los desarrolladores lanzan versiones beta. Estas son versiones de prueba, las cuales utilizan los usuarios durante un tiempo para detectar fallos. Una vez recogida esa información, se hacen las mejoras pertinentes y se lanzan las actualizaciones definitivas.

- -

Todos los programas y software suelen tener actualizaciones periódicas.

A grandes rasgos, podemos hablar de los grandes **grupos de actualizaciones** que hay:

De aplicaciones
- Estas son las actualizaciones específicas de las aplicaciones (WhatsApp, Word, Outlook, Facebook, etc.). Normalmente, son actualizaciones de corrección de errores o de mejoras de estabilidad y rendimiento.

De sistemas operativos
- Aquí se incluyen las actualizaciones de Windows, Mac OS, Linux, Android... Es importante que estas actualizaciones estén siempre al día para proteger al máximo posible los dispositivos.

De *software* informático
- Aquí se pueden diferenciar dos tipos de actualizaciones:
  - Actualizaciones de seguridad: normalmente son actualizaciones automáticas y sirven para controlar algunos problemas. Se suelen actualizar en el momento en el que el dispositivo no se está utilizando.
  - Actualizaciones manuales: estas se hacen de manera programada o previa aceptación del usuario.

De *hardware*
- Se trata de realizar cambios en los componentes físicos.

De seguridad
- Son las actualizaciones más importantes y están orientadas a proteger el dispositivo de los posibles ataques y tendencias cibercriminales.

Es entonces cuando hablamos de **actualizaciones automáticas:** son todas aquellas actualizaciones que lanzan los desarrolladores del sistema operativo para actualizarlo. El usuario no debe buscar dicha actualización, sino que el propio sistema operativo se actualiza en el momento en que esta está disponible.

EJEMPLO

Cuando apagamos un dispositivo con sistema operativo Windows y aparece un mensaje sobre pantalla azul con el texto "Configurando las actualizaciones de Windows" junto a un porcentaje, estamos ante una actualización automática del *software*.

Así pues, es necesario saber **por qué es tan importante hacer caso de las actualizaciones automáticas.** Y es que mantener el sistema operativo actualizado no solo permite disfrutar de nuevas funcionalidades, sino que dicha actualización se convertirá en la primera barrera de seguridad frente a virus y otros ataques.

Esta acción se convierte, por tanto, en un paso más para mantener el dispositivo efectivamente protegido.

 RECUERDA

Las actualizaciones automáticas se pueden activar o desactivar. Si las desactivas, simplemente te aparecerá una notificación indicándote que hay una actualización disponible, pero serás tú el encargado de decir cuándo deseas actualizar el equipo.

Además de las automáticas, también podemos distinguir los siguientes **tipos de actualizaciones,** según su nivel de importancia:

Importantes
- Las actualizaciones importantes son las que influyen de manera directa en la seguridad o en el funcionamiento del sistema.

Recomendadas
- Se engloban en las actualizaciones recomendadas todas aquellas que suponen una mejora del sistema, con independencia de que no influyan directamente en la seguridad o el funcionamiento del mismo.

Opcionales
- Son las actualizaciones que no suponen ninguna mejora sobre el sistema, sino que se trata de actualizaciones sobre programas anexos, por ejemplo.

3. Instalación de nuevos programas

 HILO CONDUCTOR

El siguiente paso de Juan para aprender a configurar su ordenador es el de aprender a instalar nuevos programas, porque seguramente quiera utilizar aplicaciones más allá de las instaladas por defecto. Para ello, le explican cómo puede instalarlos y algunos consejos relacionados.

Otro aspecto que hay que controlar a la hora de manejar un sistema operativo es la instalación de nuevos programas. Se entiende por **programas** aquellas aplicaciones que sirven para llevar a cabo determinadas tareas dentro del dispositivo. Por ejemplo, programas de edición de fotografías, de edición de textos o, incluso, navegadores de internet, entre muchos otros.

La instalación de un programa puede realizarse desde diversas **fuentes:**

Internet	CD o DVD	*Pendrive*	Otros

A pesar de estas opciones, lo cierto es que, actualmente, internet es la fuente más recurrida a la hora de descargar programas para instalarlos posteriormente. Por su parte, la instalación a través de CD o DVD ha quedado relegada a videojuegos o *hardware,* como impresoras.

 **NOTA**

Habitualmente, los archivos de instalación suelen llamarse setup.exe o install.exe.

A la hora de instalar nuevos programas, hay que tener en cuenta algunos **consejos:**

- No todos los programas por defecto son necesarios.
- Contar con programas de edición de fotografía y vídeo.
- Incluir una aplicación de correo electrónico.
- Instalar siempre un antivirus.
- Comprobar la compatibilidad del programa con el sistema operativo.

 RECUERDA

Solo se deben instalar programas que provengan de fuentes de confianza. De lo contrario, podemos poner en riesgo la seguridad de nuestro dispositivo.

 ACTIVIDAD COMPLEMENTARIA

1. Haz un ejercicio de memoria y piensa en una ocasión en la que instalaras un nuevo programa a través de un CD y otra en la que lo hicieras a través de internet.

   ¿Notaste alguna diferencia significativa? ¿Qué destacarías de cada experiencia? ¿Por qué crees que cada uno de los programas que instalaste provenía de una fuente diferente?

4. Instalación de *drivers* de periféricos

HILO CONDUCTOR

A Juan también le hablan de los *drivers* de periféricos, algo que desconocía hasta hoy. Le explican su importancia y qué debe hacer en caso de que necesite actualizarlos o instalar unos nuevos.

Los ***drivers* de periféricos** son programas intermedios que sirven para conectar el sistema operativo con los dispositivos *hardware*. Anteriormente, los *drivers* debían actualizarse de manera manual, pero eso ya no es así. Hoy en día, la **descarga e instalación de *drivers* es automática,** aunque es importante saber cómo debe hacerse por si, en algún momento, provocan fallos.

 IMPORTANTE

Los *drivers* son imprescindibles para que funcionen correctamente los dispositivos como teclados, impresoras, ratones, tarjetas gráficas y similares.

En el caso del sistema operativo Windows, este suele encargarse de detectar si un *driver* está causando algún problema y buscar una nueva actualización.

NOTA

Si quieres saber qué *drivers* están instalados y si alguno de ellos necesita actualización, deberás ir a **Panel de Control → Administrar → Administrador de Dispositivos.** Aquí aparecerá un listado con todos los dispositivos conectados y se indicará si los *drivers* están actualizados.

Continúa en página siguiente >>

<< Viene de página anterior

Se podrá pulsar en cada dispositivo para actualizar, bloquear o desinstalar el *driver.*

Existen los siguientes **tipos de *drivers:***

De audio
- Son *drivers* especiales para componentes de audio ya integrados en la placa base o en tarjetas de sonido independientes. Por ejemplo, el HD Audio.

De vídeo
- Son aquellos *drivers* necesarios para las tarjetas gráficas que ya están integradas en la placa, así como para las tarjetas independientes. Los más comunes son ATI o NVIDIA.

De LAN o Ethernet
- *Drivers* que permiten controlar los dispositivos de red por cable.

Wireless, inalámbrico o wifi
- *Drivers* indispensables para las redes inalámbricas.

USB
- Aquellos que permiten el uso de los puertos USB.

De escáneres, impresoras, teclados, etc.
- Los *drivers* de los diferentes componentes hardware del ordenador.

Del *chipset*
- El *chipset* es un conjunto de circuitos integrados esenciales para trabajar con una CPU en concreto. Estos circuitos son muy importantes en las placas madre y afectan al rendimiento de los dispositivos y sus componentes.

Es posible, como te hemos comentado anteriormente, que algún *driver* dé problemas y necesites volver a instalarlo o, simplemente, necesites uno nuevo para un elemento concreto. En este caso, ¿dónde puedes conseguir los *drivers*?

Los *drivers* los puedes conseguir de las siguientes **fuentes:**

- ⮕ CD del fabricante
- ⮕ Descargar de la web del fabricante
- ⮕ A través del administrador de dispositivos
- ⮕ Descargas de internet
- ⮕ Programas de instalación externos

 APLICACIÓN PRÁCTICA

En casa de Alba han instalado un nuevo *router* para utilizar internet de manera inalámbrica en sus ordenadores. El técnico le ha explicado que necesita instalar unos *drivers* nuevos para que pueda funcionar correctamente. ¿A qué tipo de *drivers* se refiere?

Solución

Estos son los *drivers* que se necesitan para poder utilizar las diferentes redes inalámbricas, como la conexión a internet por wifi.

5. Instalación de certificados digitales

 HILO CONDUCTOR

Por otro lado, le enseñan la enorme utilidad de los certificados digitales. Así, le muestran a qué web debe acudir para solicitar uno y descargarlo, y cómo puede instalarlo en su ordenador para utilizarlo siempre que lo necesite.

Un **certificado digital** es un documento digital que permite la identificación de personas en internet. Este certificado contiene todos los datos identificativos, los cuales están autentificados por un organismo oficial.

NOTA

En España, los certificados digitales los emite la Fábrica Nacional de Moneda y Timbre.

Hoy en día, el certificado digital se ha convertido en un documento prácticamente indispensable. Este permite ahorrar tiempo y dinero, ya que sirve para realizar trámites administrativos de manera telemática, sin importar el día, la hora o el lugar.

IMPORTANTE

Actualmente, la mayoría de modelos relacionados con obligaciones tributarias deben presentarse de manera telemática y, por tanto, es necesario contar con un certificado digital instalado en el dispositivo.

De este modo, los certificados digitales sirven para **realizar los siguientes trámites:**

- Presentación y liquidación de impuestos.
- Presentación de recursos y reclamaciones.
- Cumplimentación de los datos del censo de población y viviendas.
- Consulta e inscripción en el padrón municipal.
- Consulta de multas de circulación.
- Consulta y trámites para solicitud de subvenciones.
- Consulta de asignación de colegios electorales.
- Actuaciones comunicadas.
- Firma electrónica de documentos y formularios oficiales.

La Fábrica Nacional de Moneda y Timbre expide varios **tipos de certificado digital:**

Persona física
- Sirve para vincular a un ciudadano a unos datos de verificación de firma. Confirma su identidad personal y sirve para identificarse de manera telemática y cifrar o firmar documentos electrónicos.

Representante
- Certificación electrónica que sirve para identificar a representantes. Existen tres tipos:
    - Representante de administrador único o solidario: el firmante (vinculado a los datos que acredita el certificado) actúa como representante legal de una persona jurídica.
    - Representante de persona jurídica: certificado expedido a las personas jurídicas para que puedan utilizarlo en sus relaciones con las diferentes administraciones públicas.
    - Representante de entidad sin personalidad jurídica: se expide a las entidades sin personalidad jurídica y sirve para vincular un firmante a unos datos verificados, para realizar trámites tributarios y relacionados con la legislación vigente.

Administración pública
- Sirve para identificar a las administraciones públicas y para que puedan sellar electrónicamente.

Componente
- Este certificado identifica servidores o aplicaciones informáticas. Se pueden encontrar:
    - Certificados de servidor SSL.
    - Certificados Wildcard.
    - Certificados de firma de código.
    - Certificados de sello de entidad.

 **PARA SABER MÁS**

Para obtener el certificado digital puedes acceder directamente a la página web de la Fábrica Nacional de Moneda y Timbre:

https://redirectoronline.com/ifct460101

6. Configuración de redes de datos

👉 **HILO CONDUCTOR**

Por último, le muestran a Juan qué son las redes de datos y qué tipos existen. Esto le servirá para configurar su ordenador y crear redes tanto en su casa como en el trabajo. También podrá entender con esto cómo funcionan algunas redes a nivel geográfico.

Las **redes de datos** pueden definirse como infraestructuras creadas para poder transmitir información entre equipos a través del intercambio de datos. Se pueden considerar arquitecturas específicas creadas para cumplir dicho objetivo.

Los **principales elementos** que componen las redes de datos son:

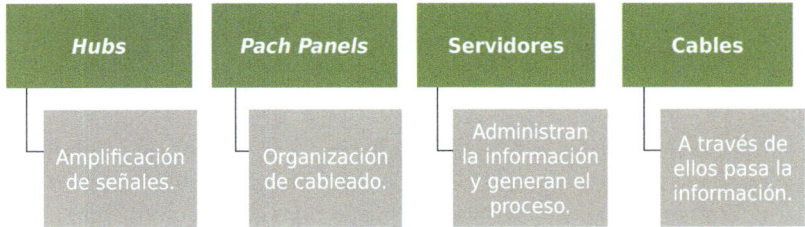

Por otro lado, las redes de datos se pueden **clasificar** de cuatro formas diferentes:

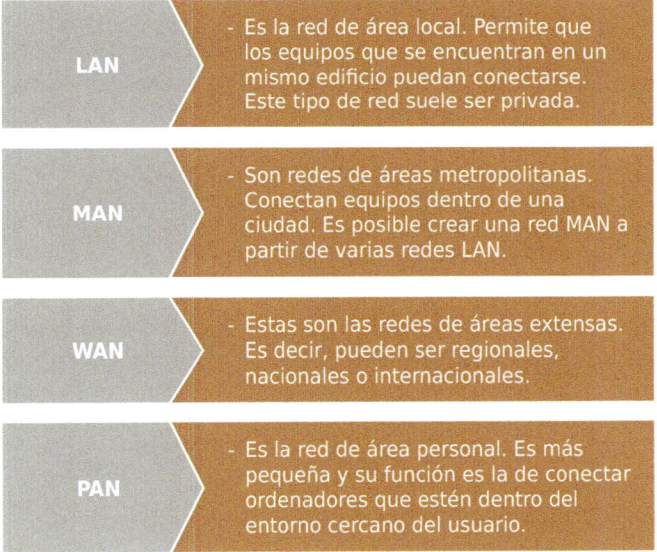

 ACTIVIDAD COMPLEMENTARIA

2. Busca un ejemplo de cada uno de los tipos de redes de datos nombrados anteriormente.

TAREA 1

Carmen ha comprado un nuevo ordenador y ha llegado el momento de configurarlo para poder hacerlo funcional. Quiere que las actualizaciones del sistema operativo y de las aplicaciones se hagan de manera automática, pero que ella sea la encargada de aceptarlas y decidir cuándo se van a realizar.

Además, ha comprado una impresora y quiere instalarla para poder empezar a utilizarla. Por otro lado, quiere el ordenador para presentar un modelo a la Agencia Tributaria de manera telemática y que los dispositivos de su vivienda estén conectados a la vez.

¿Qué pasos ha de seguir para todo ello? Actúa como si fueras Carmen y explica qué pasos vas a seguir para configurar el ordenador tal y como ella desea.

---

7. Resumen

Uno de los primeros aspectos que hay que tener en cuenta a la hora de configurar el sistema operativo es el de las actualizaciones automáticas. Así, estas actualizaciones nos servirán para disfrutar de mejoras y proteger el dispositivo. En general, se pueden encontrar actualizaciones:

- ⊃ De aplicaciones.
- ⊃ De sistemas operativos.
- ⊃ De *software* informático.
- ⊃ De *hardware*.
- ⊃ De seguridad.

Por otro lado, también hay que conocer la instalación de nuevos programas. Dichas instalaciones se pueden hacer a través de CD o DVD, internet, *pendrive* u otros.

También se debe controlar la actualización de *drivers* de periféricos. Los *drivers* son fundamentales para poder utilizar correctamente el *hardware* y demás componentes asociados al ordenador. Estos *drivers* se pueden clasificar en:

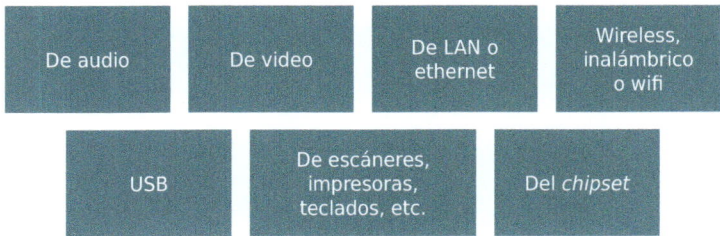

Por su parte, la instalación de certificados digitales permitirá completar todavía más las funcionalidades del sistema operativo, haciendo que se pueda utilizar el ordenador para realizar diferentes trámites de manera legal y certificada. Los certificados digitales que se pueden conseguir son:

➲ Persona física.
➲ Representante.
➲ Administración pública.
➲ Componente.

Por último, no hay que olvidar las redes de datos, las cuales permiten conectar diferentes dispositivos en una red y transmitir información de unos a otros a través de las mismas. Las principales redes de datos son las siguientes:

Ejercicios de autoevaluación
Unidad de Aprendizaje 1

1. Determina si la siguiente oración es verdadera o falsa: "Las versiones de prueba reciben el nombre de versiones beta".

   ■ Verdadero
   ■ Falso

2. Un ataque cibercriminal se podrá evitar con una actualización de...

   a. ... *software* informático.
   b. ... sistemas operativos.
   c. ... seguridad.
   d. ... *hardware.*

3. ¿Qué nombre reciben las actualizaciones que no suponen ninguna mejora sobre el sistema?

   a. Opcionales.
   b. Importantes.
   c. Recomendadas.
   d. Extra.

4. ¿Qué fuentes se pueden utilizar para instalar nuevos programas?

   a. Internet.
   b. CD o DVD.
   c. *Pendrive.*
   d. Todas las opciones son correctas.

5. Los *drivers* de periféricos se pueden definir como:

   a. Programas externos que complementan el *hardware.*
   b. Programas intermedios que sirven para conectar el sistema operativo con los dispositivos *hardware.*
   c. Actualizaciones recomendadas del sistema operativo.
   d. Expansiones de pago que sirven para tener acceso a todas las funcionalidades de un programa.

6. Determina si la siguiente oración es verdadera o falsa: "Un *driver* solo puede descargarse a través del administrador de dispositivos".

- Verdadero
- Falso

7. ¿Quién se encarga de emitir los certificados digitales en España?

a. La Agencia Tributaria.
b. La Casa Real.
c. La Seguridad Social.
d. La Fábrica Nacional de Moneda y Timbre.

8. Relaciona el tipo de certificado de representante con su definición:

a. Representante de entidad sin personalidad jurídica.
b. Representante de administrador único o solidario.
c. Representante de persona jurídica.

___ Certificado expedido a las personas jurídicas para que puedan utilizarlo en sus relaciones con las diferentes administraciones públicas.
___ El firmante (vinculado a los datos que acredita el certificado) actúa como representante legal de una persona jurídica.
___ Se expide a las entidades sin personalidad jurídica y sirve para vincular un firmante a unos datos verificados, para realizar trámites tributarios y relacionados con la legislación vigente.

9. ¿Qué función tienen los *Pach Panels* en las redes de datos?

a. Amplificación de señales.
b. Organización de cableado.
c. Administración de la información.
d. Todas las opciones son incorrectas.

10. Relaciona cada tipo de red con su definición:

a. MAN
b. PAN
c. WAN
d. LAN

— Red de área metropolitana.
— Red de área personal.
— Red de área local.
— Red de área extensa.

Tratamiento de la información

Contenido

1. Introducción
2. Técnicas avanzadas de
   búsqueda
3. Curación de contenidos
4. Almacenamiento de contenido
   en la nube *(Dropbox, Google
   Drive, OneDrive de Microsoft)*
5. Resumen

Objetivos

El objetivo general de esta Unidad
de Aprendizaje es:

→ Identificar las diferentes
  herramientas para tratar el
  contenido y la información en
  internet.

Los objetivos específicos de esta
Unidad de Aprendizaje son:

→ Detallar las diferentes técnicas
  de búsqueda avanzada en
  buscadores.

→ Analizar los operadores de
  búsqueda.

→ Resumir la curación de
  contenidos.

→ Detallar las herramientas de
  verificación de fuentes en
  internet.

→ Identificar las fuentes de
  contenidos digitales abiertos.

→ Explicar el almacenamiento
  en la nube y sus principales
  plataformas.

1. Introducción

La información es el elemento principal que compone internet. Este espacio se creó para poder compartir información y convertirse en un lugar al que acudir en su búsqueda. Así pues, los buscadores son las herramientas más utilizadas para obtener dicha información, por lo que conocer las técnicas avanzadas de búsqueda, así como los operadores de búsqueda, es imprescindible para poder encontrar información veraz y de calidad.

Del mismo modo, es necesario realizar un trabajo de curación de contenidos, con el que se pueda identificar la información más adecuada y seleccionarla. En este sentido, se debe aprender a verificar las fuentes consultadas. De lo contrario, se puede acceder a información falsa, desactualizada y subjetiva.

A la hora de hablar de las fuentes de información en internet, también se deben tener en cuenta las fuentes de contenidos digitales abiertos. Este tipo de contenidos han marcado un antes y un después, y permiten a los usuarios tener acceso a un mayor número de contenidos.

Por último, no hay que dejar atrás el famoso almacenamiento en la nube; un tipo de almacenamiento que favorece la productividad, la movilidad y la colaboración. *Dropbox, Google Drive* y *OneDrive de Microsoft* son las principales plataformas de *Cloud Computing.*

Para el desarrollo de esta unidad, seguiremos con el caso de Juan, un hombre que se ha apuntado a un curso de informática. Después de interiorizar las primeras nociones básicas, es el momento de aprender a buscar información y almacenar archivos en la nube.

2. Técnicas avanzadas de búsqueda

 HILO CONDUCTOR

Ha llegado el momento de que a Juan le enseñen cómo buscar información en internet, pero de una manera mucho más completa. Así, aprendiendo a utilizar herramientas de búsqueda avanzada y empleando operadores de búsqueda podrá encontrar la información que desea de una manera más sencilla y precisa.

Los buscadores son las principales herramientas de búsqueda cuando navegamos en internet, por lo que conocer cómo funcionan, cuáles son sus posibilidades y cuál es su correcto funcionamiento es fundamental para poder obtener resultados concretos y de buena calidad.

 **DEFINICIÓN**

Motor de búsqueda

Un buscador (también llamado motor de búsqueda) es un sistema informático que encuentra y muestra sitios web relacionados con el término sobre el que se ha realizado la búsqueda.

Este sistema informático funciona a través de un rastreador web.

Lo cierto es que *Google* es el buscador más utilizado a nivel mundial, aunque no es el único, pues cada país o región del mundo utiliza un buscador diferente. Así pues, estos son los principales buscadores en cada zona:

Todos los buscadores ofrecen técnicas y herramientas para poder realizar búsquedas avanzadas; es decir, búsquedas más concretas y específicas, para poder llegar a la información deseada de manera más rápida.

En esta ocasión, vamos a centrarnos en las **posibilidades de búsqueda avanzada de *Google:***

- **Por tipo de archivo:** este es un comando que sirve para buscar documentos en un formato concreto (imagen, PDF, JPEG...). Para ello, hay que poner "filetype:tipo de archivo + término de búsqueda".
  Por ejemplo, en el caso de un PDF, la búsqueda sería la siguiente: "filetype: pdf oposiciones primaria".
- **Incluir o ignorar:** con los símbolos + y – se pueden incluir o excluir términos en las consultas. Por ejemplo, si se utiliza "Pearl Harbor –película", aparecerán búsquedas que no incluyan información de la película.
- **Contenidos similares:** este comando sirve para encontrar páginas que tengan contenidos similares en otra web que queramos. Por ejemplo, "related: www.apple.com".
- **Por título o dirección:** esta opción es muy útil para encontrar información de un tema muy específico, bien sea en el título de una página o en la URL.
  Así, si se utiliza "Espacio intitle:agujero negro", Google mostrará los enlaces que incluyan esa palabra en el título.
  Si se escribe "iphone 12 inurl:análisis", aparecerán las búsquedas que incluyan ambos términos en la URL.
- **En un sitio web específico:** sirve para encontrar todos los resultados que hablen sobre un tema en especial en una página web concreta. Para ello, hay que utilizar, por ejemplo "Donald Trump site:elpais.com".
- **Por intervalo:** este comando puede ser interesante para aquellas búsquedas en las que hay mucha información y se quiere conseguir datos sobre un intervalo concreto. Así, se puede utilizar "primera guerra mundial 1916..1918". Es decir, hay que incluir los dos puntos (..) entre los años deseados.

NOTA

El botón "Voy a tener suerte" que aparece en la pantalla principal de *Google* hace que se vaya directamente a la primera página de las búsquedas. Por ejemplo, si buscas "Marca" y haces clic en "Voy a tener suerte", se te abrirá directamente la página de <www.marca.com>, el periódico deportivo.

Continúa en página siguiente >>

<< Viene de página anterior

La búsqueda avanzada de *Google* permite, de manera sencilla, buscar el contenido más cercano a lo que queremos. De este modo, ofrece la posibilidad de que los resultados obtenidos sean de un formato u otro, tenga información más relacionada o respondan a unos filtros más específicos.

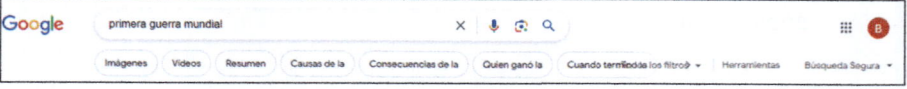

Así, de izquierda a derecha, *Google* ofrece los siguientes tipos de búsqueda avanzada:

- ◗ **Imágenes:** con esta opción, se acceden a los resultados de imágenes que ofrece *Google*. Si pulsas sobre Herramientas, puedes filtrar por tamaño, color, tipo, fecha y derechos de uso.
- ◗ **Vídeos:** pulsando sobre esta opción, se desplegarán todos los resultados en formato vídeo. En Herramientas, se puede filtrar por la web (tipo de resultado), duración, fecha, calidad de vídeo y si se quiere cualquier vídeo o con subtítulos.
- ◗ **Resumen:** aquí, se recogen los resultados que ofrecen, de forma general, una información resumida sobre el concepto buscado.
- ◗ **Noticias:** aparecen las noticias publicadas en medios de comunicación digital. Desde Herramientas se podrá filtrar por la web (tipo de resultado), fecha de publicación y orden según relevancia o no.

- **Términos de búsquedas relacionadas:** *Google* ofrece entre tres y cuatro búsquedas relacionadas. Esto quiere decir que muestra sugerencias de términos que el usuario puede estar buscando sobre ese tema. Por ejemplo, si se busca "Primera Guerra Mundial", *Google* muestra como términos de búsquedas relacionadas "Causas de la...", "Consecuencias de la...", "Quién ganó la..." y "Cuándo terminó la...".
- **Todos los filtros:** al hacer clic sobre esta opción se despliegan las siguientes opciones de búsqueda:

- **Herramientas:** con esta opción se puede acotar la búsqueda todavía más, seleccionando diferentes opciones fecha, idioma y exactitud del resultado. En este último, si se escoge "Verbatim", aparecen resultados con el término exacto.

- **Búsqueda segura:** esta opción permite activar algunos filtros de seguridad a la hora de realizar búsquedas. Estos filtros son:

  - Filtrar resultados con contenido explícito.
  - Desenfocar imágenes explícitas.
  - Desactivar.

IMPORTANTE

En función de lo que se busque, la inteligencia artificial de *Google* muestra, en su búsqueda avanzada, unos resultados u otros, agrupando primero las opciones de resultados (imágenes, vídeos, publicados hoy, etc.) que más interesen pueden tener para el usuario.

Hay que señalar también que *Google* ha incorporado, en su propia barra de búsqueda, la opción de buscar a través de imágenes. Para ello, hay que hacer clic en el icono de la cámara.

2.1. Operadores de búsqueda en buscadores

Los **operadores de búsqueda** son los comandos especiales que se pueden utilizar a la hora de realizar búsquedas de información en buscadores para conseguir acotar al máximo los resultados. De este modo, se pueden obtener unos resultados de mayor calidad de una manera más rápida.

SABÍAS QUE...

Los operadores de búsqueda también reciben el nombre de **operadores booleanos.** Esta denominación se debe al algebra de Boole, que data del siglo XIX, cuando se utilizaba en matemáticas, en lógica y en informática.

Estos operadores booleanos son símbolos o palabras que permiten conectar de una manera lógica conceptos o grupos de términos para poder ampliar, limitar o definir las búsquedas más rápidamente.

Lo cierto es que el uso de estos operadores de búsqueda tiene una serie de **ventajas:**

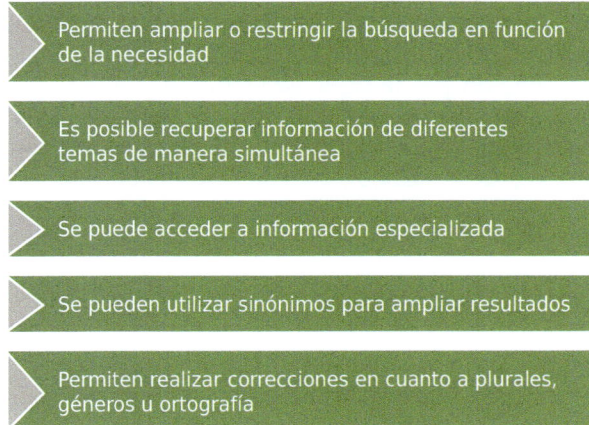

Permiten ampliar o restringir la búsqueda en función de la necesidad

Es posible recuperar información de diferentes temas de manera simultánea

Se puede acceder a información especializada

Se pueden utilizar sinónimos para ampliar resultados

Permiten realizar correcciones en cuanto a plurales, géneros u ortografía

Los **operadores más comunes** son los siguientes:

- **AND (Y):** aparecen las búsquedas que contienen ambas palabras. Por ejemplo, "verduras AND frutas" sirve para que salgan los resultados que contienen tanto verduras como frutas.
- **OR (O):** se emplea para que aparezcan búsquedas que contienen ambas palabras, así como las que solo contienen una de ellas. Por ejemplo, "verduras OR frutas" sirve para que aparezcan las búsquedas que contengan tanto verduras y frutas como cada uno de los términos por separado.
- **NOT (NO):** este comando se utiliza para excluir alguna de las palabras (la que se ubica a la derecha). Por ejemplo, "verduras NOT frutas" hace que aparezcan búsquedas que contengan solo verduras, excluyendo los resultados en los que se incluyan ambas o frutas.
- **NEAR (cerca):** sirve para que en los resultados aparezca aquella información que contiene los dos términos cerca. Por ejemplo, "verduras NEAR frutas" puede dar como resultado una información en la que aparezca tanto las verduras como las frutas.
- **ADJ (junto a):** este se utiliza para que las dos palabras aparezcan juntas, una al lado de la otra. Por ejemplo, si se busca "escuelas ADJ públicas", aparecerán resultados en los que se lean "escuelas públicas" como un único término.
- **Paréntesis ():** sirven para unir diversas búsquedas en una sola. Por ejemplo, "(historia de los estadios de fútbol)".
- **Comillas "":** con este comando se buscan frases completas, de manera literal. Por ejemplo, "recetas saludables".
- **Asterisco ∗:** el asterisco se utiliza al final de una palabra y sirve para sustituir ese final por cualquier terminación que sea posible. Por ejemplo,

si se busca "habla*", los resultados incluirán "hablar", "habladurías", "hablador"...

○ **Interrogación ?:** este signo se utiliza en medio de una palabra y sirve para sustituir un carácter. De este modo, aparecerán las búsquedas que se puedan incluir en esa palabra con los diferentes caracteres. Por ejemplo, si se busca "Me?ico", los resultados serán "México" o "Méjico".

 PARA SABER MÁS

Puedes conocer la lista completa de operadores de búsqueda de *Google* accediendo al artículo del siguiente enlace:

https://redirectoronline.com/ifct460201

En la página de ayuda de *Google* puedes encontrar más información al respecto de las técnicas de búsqueda avanzada con operadores:

https://redirectoronline.com/ifct460202

2.2. Otras fuentes de información

Los buscadores no son la única fuente de información que se puede encontrar en internet, aunque sí es una de las más recurridas. Así pues, cuando hablamos de otras fuentes de información en internet nos referimos a aquellos espacios oficiales y reconocidos que pueden aportar datos veraces y contrastados sobre ciertos temas.

En este sentido, podemos diferenciar **dos tipos de fuentes de información en internet:**

Consultar diferentes fuentes de información en internet te asegurará encontrar un contenido de mayor calidad.

Las **fuentes de información primaria** son aquellas fuentes que ofrecen datos de primera mano, es decir, proporcionadas por el propio investigador o a través de una base de datos. Esta es una información no interpretada, sino que se reflejan los datos de una investigación que se basa en:

 **EJEMPLO**

Algunas fuentes primarias son artículos de revistas especializadas, textos científicos, proyectos de investigaciones, boletines oficiales, patentes, etc.

Las **fuentes de información secundaria** son aquellas fuentes que interpretan, en cierto modo, los datos e informaciones ya presentadas por las fuentes primarias. No se trata de fuentes con información elaborada por el propio emisor, sino que la recogen e interpretan.

EJEMPLO

Algunas fuentes secundarias son los institutos nacionales de estadística, los bancos centrales, fuentes económicas oficiales, portales financieros como *Axesor* o *Eurostat,* etc.

A la hora de buscar información en internet es recomendable tener en cuenta una serie de consejos. De lo contrario, puedes correr el riesgo de no encontrar información fiable y veraz, o simplemente ahogarte en un mar de páginas y datos diferentes sin llegar a lo que realmente deseas encontrar.

Dichos **consejos** son los siguientes:

- Utilizar minúsculas.
- Usar los buscadores en español primero.
- Buscar también en inglés.
- Ser genérico al principio y después ir al grano.
- Acudir a páginas de calidad.
- Buscar en páginas web de empresas y organizaciones representativas.

 NOTA

La información poco relevante que aparece cuando se realizan búsquedas se llama *ruido.*

 ACTIVIDAD COMPLEMENTARIA

3. Busca en internet sobre un tema que te guste e identifica cuáles son las fuentes primarias y secundarias a las que puedes acceder para encontrar información.

---

3. Curación de contenidos

 HILO CONDUCTOR

En este curso, a Juan también le comentan la importancia de la curación de contenidos. Este es un paso más en la búsqueda de información y le será especialmente útil para poder filtrarla muy bien y conseguir una de calidad.

- -

La **curación de contenidos** (o *content curation*) es la acción de seleccionar la información más relevante, organizarla y agruparla para después poder compartirla, aumentando así la interacción con los usuarios.

NOTA

El encargado de la curación de contenidos recibe el nombre de *content curator* y esta es una estrategia muy utilizada en el mundo del *marketing* digital.

- -

A nivel individual, esta curación de contenidos es muy útil para evitar la infoxicación y tener acceso a una información filtrada y de calidad.

El proceso de curación de contenidos es el siguiente:

- El primer paso es identificar la necesidad y saber qué tipo de información se necesita buscar.

- A continuación, se trata de buscar la información e identificar aquella que sea útil y de calidad.

- Llega el momento de validar la usabilidad, pertinencia y actualidad de la información, seleccionarla y almacenarla para poder empezar a utilizarla.

Continúa en página siguiente >>

<< Viene de página anterior

- El siguiente paso es escoger los canales adecuados y empezar a distribuir la información, para poder interaccionar según lo deseado.

- Por último, es importante ver y analizar los resultados para mejorar en el proceso si es necesario.

Actualmente, existen **cinco maneras de realizar curación de contenidos:**

- **Agregación:** reunir en un único lugar la información más relevante sobre un tema en cuestión.
- **Destilación:** se trata de realizar una curación de contenidos más simple, compartiendo simplemente la información más importante o relevante.
- **Elevación:** consiste en identificar tendencias en pequeñas raciones.
- **Mezcla:** se trata de mezclar contenidos ya curados para poder crear un nuevo punto de vista.
- **Cronología:** consiste en reunir información histórica y organizarla de manera cronológica.

 PARA SABER MÁS

Puedes conocer algunas de las herramientas más interesantes para realizar curación de contenidos leyendo el artículo del siguiente enlace:

https://redirectoronline.com/ifct460203

3.1. Técnicas de detección de veracidad de la información

Una de las principales tareas de la curación de contenidos es **validar la información para poder verificar lo que en ella se dice.** Esto es imprescindible para poder acceder a un contenido de calidad.

 **RECUERDA**

La cantidad de información que se puede encontrar en internet es tal que se hace necesario tomarse un tiempo para poder evaluar y detectar la veracidad de dichos contenidos seleccionados.

Para poder hacer esto, es importante **analizar los siguientes conceptos:**

- **Autoridades:** hay que identificar al responsable (o responsables) del contenido de una página web. Para considerar el sitio como veraz, ha de quedar claro quién es el responsable del sitio.
- **Credenciales:** se trata de detectar cuáles son las credenciales de quien comparte la información: si es experto en un tema, qué cargo ocupa, qué certificaciones tiene para avalar la veracidad de la información que ofrece, etc.
- **Inteligibilidad del mensaje:** la información ofrecida debe ser comprensible, original, razonada y, en caso de tratarse de un trabajo de investigación, los resultados han debido obtenerse a partir del método científico.
- **Usabilidad:** este término hace referencia a la facilidad de uso que se le da al usuario para que pueda navegar por la página web. El sitio ha de tener una estructura clara, que se pueda leer bien la información, que los títulos sean adecuados...
- **Objetividad:** la información debe exponerse de manera objetiva e imparcial: hay que evitar los mensajes publicitarios o propagandísticos.
- **Temporalidad:** los datos deben ir acompañados de la fecha de creación o de cuándo fue la última actualización del contenido. Es interesante también que la información esté lo más actualizada posible.
- **Utilidad:** ¿Es útil la información que se proporciona? Esto se puede verificar observando el número de visitas que tiene la página, el lugar que ocupa en el buscador e, incluso, la profundización del contenido. ¿Responde a las preguntas del usuario?
- **Fuentes:** se trata de evaluar las fuentes que se han utilizado para redactar esa información. Así, si se han consultado fuentes oficiales, páginas

de instituciones y similares, la información estará completamente contrastada.

3.2. Fuentes de contenidos digitales abiertos

En internet se pueden encontrar los llamados **contenidos digitales abiertos.** Estos son todos aquellos que se publican con licencias abiertas y no restrictivas. Estas licencias son las *Creative Commons* (CC).

Las licencias *Creative Commons* han marcado un antes y un después en el mundo de internet y lo cierto es que ofrecen una serie de **ventajas** muy interesantes:

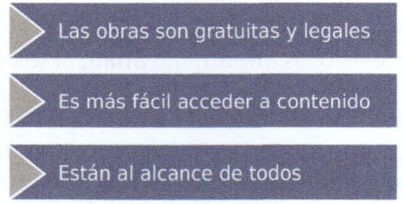

Las obras son gratuitas y legales

Es más fácil acceder a contenido

Están al alcance de todos

Estas licencias tienen una serie de **condiciones:**

- **Reconocimiento** *(Attribution):* se debe reconocer la autoría.
- **No comercial** *(Non Commercial):* la explotación de la obra se limita a usos no comerciales.
- **Sin obras derivadas** *(No Derivate Works):* no se puede transformar la obra para crear una obra derivada.
- **Compartir igual** *(Share alike):* se pueden compartir siempre que se divulguen bajo la misma licencia.

Los diferentes **tipos de licencias** *Creative Commons* que se pueden encontrar hoy en día son las siguientes:

- **Compartir igual** *(Share alike):* con las obras con esta licencia se pueden crear otras obras derivadas siempre y cuando se divulguen bajo la misma licencia.
- **Reconocimiento - NoComercial (by-nc):** no se le puede dar un uso comercial a las obras con esta licencia.

- **Reconocimiento - NoComercial - CompartirIgual (by-nc-sa):** no está permitido el uso comercial de la obra original ni de las derivadas. Las derivadas, además, deben compartirse con el mismo tipo de licencia que la original.
- **Reconocimiento - NoComercial - SinObraDerivada (by-nc-nd):** no se permite el uso comercial de la obra original ni generar obras derivadas.
- **Reconocimiento - CompartirIgual (by-sa):** está permitido el uso comercial de la obra, así como de las obras derivadas. La distribución de las obras derivadas debe realizarse con la misma licencia que la obra original.
- **Reconocimiento - SinObraDerivada (by-nd):** está permitido el uso comercial de la obra, pero no que se generen obras derivadas.

 **NOTA**

Estas licencias están ordenadas de menor a mayor restricción.

 ACTIVIDAD COMPLEMENTARIA

4. Busca una página web que ofrezca contenido con una licencia de contenido libre. ¿Qué tipo de contenido ofrece? ¿Qué licencias maneja?

4. Almacenamiento de contenido en la nube (Dropbox, Google Drive, OneDrive de Microsoft)

HILO CONDUCTOR

Por último, le explican a Juan también en qué consiste el almacenamiento de contenido en la nube, así como cuáles son las principales plataformas que puede utilizar para ello. Se trata de una herramienta que le será muy útil para poder aprovechar al máximo todas las posibilidades de internet y de su ordenador.

El **almacenamiento de contenido en la nube** *(Cloud Computing)* se trata de un sistema que ofrece un espacio de almacenamiento al que se accede a través de internet y que se encuentra en unos servidores. De este modo, los usuarios pueden almacenar sus archivos y contenidos de una manera remota, teniendo acceso a ellos cuando deseen y pudiendo, incluso, modificarlos, descargarlos o eliminarlos.

Cada día son más las empresas y usuarios que deciden utilizar el almacenamiento en la nube.

El almacenamiento en la nube tiene una serie de **ventajas** que lo convierten en un sistema muy atractivo:

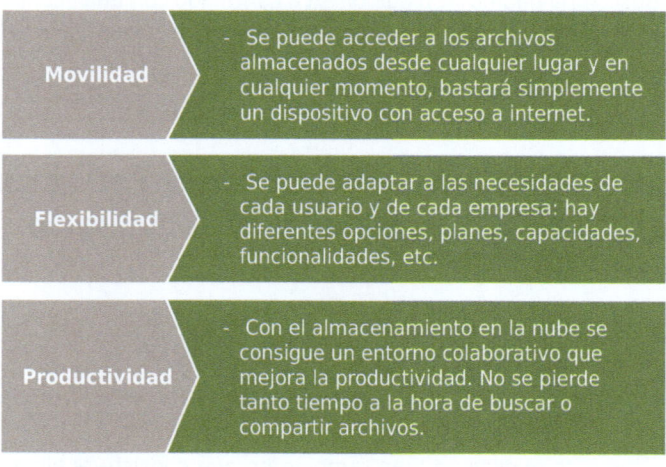

Movilidad	- Se puede acceder a los archivos almacenados desde cualquier lugar y en cualquier momento, bastará simplemente un dispositivo con acceso a internet.
Flexibilidad	- Se puede adaptar a las necesidades de cada usuario y de cada empresa: hay diferentes opciones, planes, capacidades, funcionalidades, etc.
Productividad	- Con el almacenamiento en la nube se consigue un entorno colaborativo que mejora la productividad. No se pierde tanto tiempo a la hora de buscar o compartir archivos.

Continúa en página siguiente >>

<< Viene de página anterior

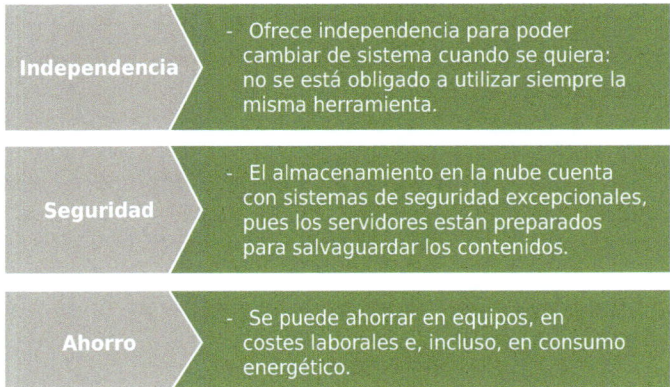

Actualmente, existen **tres tipos de almacenamiento en la nube:**

- **Almacenamiento en la nube pública:** la nube pública la gestionan empresas externas. Así, las empresas o usuarios que almacenan datos en esos servidores no son dueños de los mismos.
- **Almacenamiento en la nube privada:** la nube privada es el sistema de almacenamiento en la nube que pertenece a la empresa que los gestiona y los usa.
- **Almacenamiento en la nube híbrida:** la nube híbrida es una combinación de la nube pública y de la nube privada. Así, por ejemplo, las empresas pueden almacenar los datos esenciales en la nube privada y el resto en la nube pública.

 **APLICACIÓN PRÁCTICA**

María es una fotógrafa que ha decidido guardar sus archivos en una plataforma de almacenamiento en la nube *online*, para la que solo ha tenido que registrarse. ¿Qué tipo de almacenamiento en la nube es?

Solución

Es una plataforma de almacenamiento en la nube pública porque ella accede como usuario, sin gestionarla ni ser dueña de esta.

A la hora de utilizar el almacenamiento en la nube, es importante tener en cuenta algunos **consejos de seguridad:**

➲ Asegurarse de que el proveedor cuenta con un cifrado https y con un certificado de seguridad.
➲ Utilizar herramientas de cifrado si se van a almacenar datos sensibles.
➲ Utilizar otras copias de seguridad como discos externos.
➲ Leer las políticas de privacidad y condiciones de uso del servicio.
➲ Utilizar contraseñas fuertes.
➲ Cerrar sesión al terminar de utilizar el servicio.

Las **principales plataformas** de almacenamiento en la nube son las siguientes:

| Dropbox | Google Drive | OneDrive de Microsoft |

Dropbox

Dropbox es la principal plataforma de almacenamiento en la nube hoy en día. Se trata de una nube pública, en la que tanto usuarios como empresas pueden almacenar y compartir sus archivos: música, vídeos, imágenes, documentos... Así, estos archivos se almacenan de manera remota y segura, pudiendo acceder desde cualquier lugar.

Esta plataforma ofrece diferentes planes. El más básico es gratuito y cuenta con 2 GB de almacenamiento. El resto de planes son de pago y se adaptan a las necesidades de usuarios y empresas, ofreciendo un mayor almacenamiento en cada caso.

Dropbox cuenta con las siguientes **ventajas:**

➲ Es sencillo de utilizar.
➲ Es seguro.
➲ Permite el acceso desde cualquier lugar.
➲ Permite intercambiar archivos y colaborar.
➲ Se pueden recuperar archivos.
➲ Es posible trabajar sin conexión a internet.

 **PARA SABER MÁS**

Puedes aprender cómo funciona *Dropbox* y cuáles son los pasos que seguir para empezar a utilizarlo accediendo a la guía explicativa elaborada por la plataforma:

https://redirectoronline.com/ifct460205

Google Drive

Google Drive es uno de los servicios que ofrece *Google* de manera gratuita a sus usuarios. Esta plataforma incluye una serie de herramientas que permite almacenar, editar y compartir archivos, desde textos a presentaciones u hojas de cálculo.

Estas son las herramientas que incluye:

- Documentos
- Hojas de cálculo
- Presentaciones
- Formularios
- *Keep*
- *Sites*
- *Drive*
- *Gmail*
- *Meet*
- *Calendar*
- Chat

El plan gratuito incluye 15 GB de almacenamiento. En caso de necesitar más, se puede ampliar contratando un plan superior.

Los **beneficios** de utilizar *Google Drive* son los siguientes:

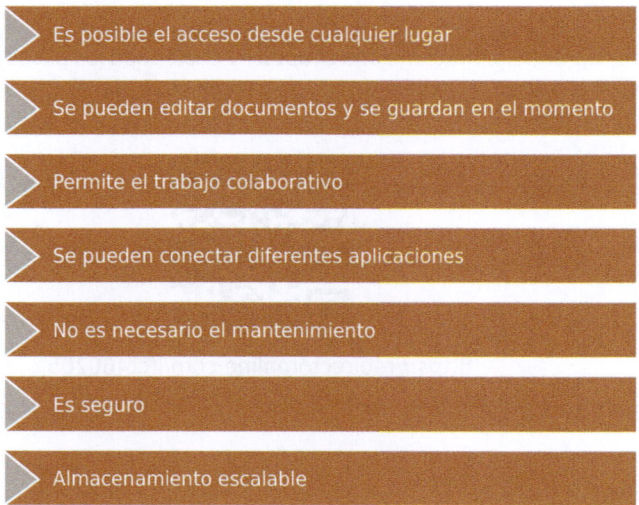

Es posible el acceso desde cualquier lugar

Se pueden editar documentos y se guardan en el momento

Permite el trabajo colaborativo

Se pueden conectar diferentes aplicaciones

No es necesario el mantenimiento

Es seguro

Almacenamiento escalable

 **RECUERDA**

Para poder utilizar **Google Drive** has de tener una cuenta de **Google.**

 PARA SABER MÁS

Puedes aprender cómo funciona *Drive* y cuáles son todas sus funcionalidades accediendo a la guía de uso elaborada por la plataforma:

https://redirectoronline.com/ifct460206

OneDrive de Microsoft

OneDrive es la herramienta de almacenamiento en la nube que ofrece *Microsoft*. Esta plataforma dispone para los usuarios, de manera gratuita, de un total de 5 GB de almacenamiento. Así, se pueden guardar y compartir todo tipo de archivos de forma sencilla.

Una peculiaridad de esta herramienta es que permite la colaboración con otros usuarios en la edición de archivos y documentos en *Word, Excel, PowerPoint* y *OneNote*.

NOTA

Este servicio viene ya integrado con el sistema operativo *Windows 11*.

Las **ventajas** de *OneDrive* son múltiples:

- ➲ *Office 365* está incorporado.
- ➲ Permite la sincronización entre dispositivos.
- ➲ Es seguro.
- ➲ Facilidad para compartir archivos.
- ➲ Permite la colaboración en grupo.

TAREA 2

Leyre es una estudiante de Historia a la que le han pedido realizar un trabajo de investigación sobre la Segunda Guerra Mundial. Así, necesita indagar para conocer mejor sobre ese periodo histórico. En su trabajo, debe incluir datos de cuentas oficiales y verificadas, qué sucedió, cuántas víctimas hubo, quiénes eran los países aliados, cómo y cuándo terminó, etcétera.

Le han solicitado que, como bibliografía, debe incluir tanto páginas web como libros y vídeos. Del mismo modo, le han pedido que acompañe su trabajo con un pequeño vídeo en el que se grabe ella, haciendo un resumen, con música sin *copyright* de fondo.

Continúa en página siguiente >>

<< Viene de página anterior

Ayuda a Leyre e indica los pasos que seguirías para conseguir la información necesaria para llevar a cabo el trabajo. ¿Qué técnicas de búsqueda avanzada puede aplicar? ¿Pueden servirle los operadores de búsqueda? ¿Cómo puede ayudarle la curación de contenidos? ¿Cómo puede demostrar la verificación de sus fuentes consultadas? Y, por último, ¿cómo puede conseguir música sin *copyright?*

---

5. Resumen

La búsqueda de información en internet suele realizarse a través de los **buscadores,** por lo que es imprescindible controlar dos herramientas para poder llegar a información filtrada y de calidad:

- Técnicas de búsqueda avanzada.
- Operadores de búsqueda.

También es importante llevar a cabo la llamada **curación de contenidos;** una tarea que permite clasificar e identificar mejor la información de calidad, obviando el "ruido" que se puede encontrar en la red. Esta curación se puede realizar de cinco maneras:

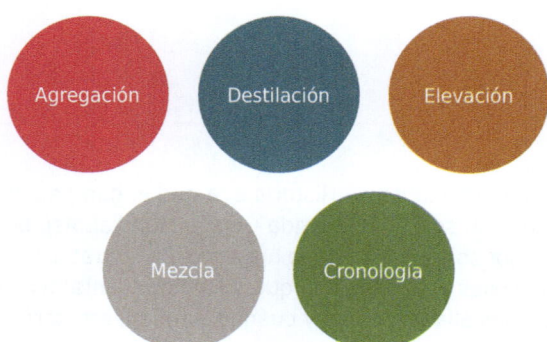

Pero, al buscar información en internet, no se puede obviar la **verificación de las fuentes de información.** Esto ayudará a validar el contenido que se nos ofrece, para poder tratarlo como veraz. Para ello, hay que consultar diferentes aspectos:

- Autoridades.
- Credenciales.
- Inteligibilidad del mensaje.
- Usabilidad.
- Objetividad.
- Temporalidad.
- Utilidad.
- Fuentes.

También entran en juego las **fuentes de contenidos digitales abiertos.** Estos nuevos contenidos no tienen *copyright,* sino que se comparten con una serie de licencias menos restrictivas y que favorecen tanto el acceso a nuevo contenido como la distribución de este.

- Contenidos digitales abiertos.
- *Creative Commons.*

Por último, el **almacenamiento de contenido en la nube** también ha facilitado el día a día de los usuarios de internet. Se pueden almacenar, editar y compartir de una manera mucho más sencilla multitud de archivos, a la vez que se crea una comunidad más colaborativa.

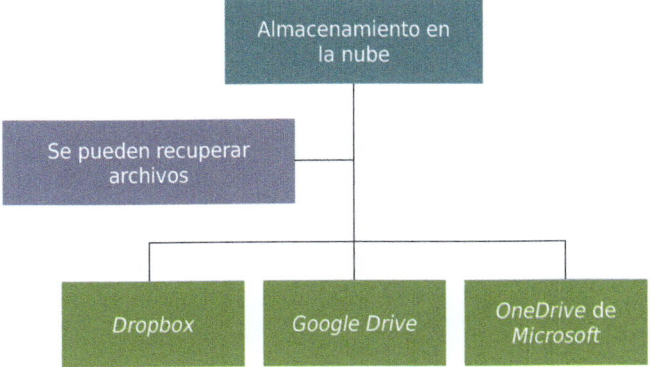

Ejercicios de autoevaluación
Unidad de Aprendizaje 2

1. ¿Cuál es el motor de búsqueda más utilizado en Corea del Sur?

   a. *Yandex*
   b. *Google*
   c. *Naver*
   d. *Yahoo!*

2. ¿A qué deben su nombre los operadores booleanos?

   a. Al álgebra de *Bolt*.
   b. A *Boole Maths*.
   c. Al álgebra de *Boole*.
   d. A *Boolean Terms*.

3. ¿Para qué sirve el operador de búsqueda ADJ?

   a. Para buscar términos "junto a".
   b. Para excluir términos.
   c. Para buscar literalmente.
   d. Para sustituir un carácter.

4. Determina si la siguiente oración es verdadera o falsa: "Las fuentes de información secundaria son las que ofrecen datos de primera mano, reflejando los datos de una investigación".

   ■ Verdadero
   ■ Falso

5. Ordena cronológicamente los pasos que se dan en la curación de contenidos:

   • Compartición y distribución.
   • Validación y almacenamiento.
   • Medición y mejoría.
   • Adquisición del contenido.
   • Identificación de necesidad.

6. Relaciona cada una de las maneras de realizar curación de contenidos con su definición:

    a. Destilación
    b. Cronología
    c. Mezcla
    d. Agregación
    e. Elevación

    __ Consiste en identificar tendencias en pequeñas raciones.
    __ Reunir en un único lugar la información más relevante sobre un tema en cuestión.
    __ Se trata de realizar una curación de contenidos más simple, compartiendo únicamente la información más importante o relevante.
    __ Consiste en reunir información histórica y organizarla de manera cronológica.
    __ Se trata de mezclar contenidos ya curados para poder crear un nuevo punto de vista.

7. ¿Qué nombre recibe la licencia que no permite el uso comercial de la obra original ni generar obras derivadas?

    a. By-nc-nd.
    b. By-sa.
    c. By-nc.
    d. Share alike.

8. ¿Cuál de los siguientes es un consejo de seguridad para la utilización de almacenamiento en la nube?

    a. Utilizar contraseñas fuertes.
    b. Cerrar sesión al terminar de utilizar el servicio.
    c. Usar herramientas de cifrado si se van a almacenar datos sensibles.
    d. Todas las opciones son correctas.

9. *Google Drive* ofrece a sus usuarios, de manera gratuita, un almacenamiento de:

    a. 10 GB.
    b. 15 GB.

c. 2 GB.
d. 5 GB.

10. ¿En qué sistema operativo está integrado *OneDrive*?

a. *Android.*
b. *Mac OS Sierra.*
c. *Windows 11.*
d. *Linux.*

Comunicación

Contenido

Objetivos

El objetivo general de esta Unidad de Aprendizaje es:

→ Descubrir las diferentes posibilidades de comunicación en internet.

Los objetivos específicos de esta Unidad de Aprendizaje son:

→ Resumir las plataformas para compartir información en internet.

→ Desglosar las posibilidades de comunicación textual *online.*

→ Detallar las aplicaciones de comunicación audiovisual en internet.

→ Sintetizar las principales herramientas colaborativas.

→ Advertir de los principales riesgos y peligros en internet.

1. Introducción

La comunicación es una de las principales acciones que se llevan a cabo en una sociedad y, de hecho, los humanos siempre la hemos abordado, bien sea a través del monólogo con nosotros mismos, bien para compartir información con otros.

Esto se ha trasladado al mundo de internet, donde la comunicación y la posibilidad de compartir información con otros usuarios sin importar su ubicación han hecho que este medio se expanda. Así pues, hablaremos de los principales espacios que se pueden encontrar en la red para compartir información, tales como los foros, las wikis e, incluso, las redes sociales.

Por otro lado, hablaremos de la comunicación como tal a través de las tecnologías digitales. En este sentido, abordaremos dos grandes ramas: la comunicación textual y la comunicación audiovisual. Eso sí, sin olvidar las herramientas colaborativas, donde se reúnen las mejores características de ambas modalidades.

Por último, desarrollaremos las normas de conducta y los peligros a los que nos podemos enfrentar a la hora de comunicarnos por internet. Especialmente, haremos hincapié en el ciberacoso y en la suplantación de identidad.

Para el desarrollo de esta unidad, seguiremos con el caso de Juan, quien avanza en su formación para poder sacarle el máximo partido a su ordenador. Ya ha aprendido sobre su uso en general y, ahora, ha llegado el momento de aprender cómo puede conectarse a internet y comunicarse a través de este medio.

2. Compartir información

 HILO CONDUCTOR

En la siguiente clase del curso de formación, a Juan le hablan sobre una de las posibilidades de internet: la de compartir información. Así, le enseñan algunas de las plataformas más comunes para hacerlo con otros usuarios de manera sencilla y gratuita.

La información es el centro y motor de internet; de hecho, esta herramienta se creó con el objetivo de poder compartir y difundir información alrededor del mundo. Así, las casi infinitas posibilidades de comunicación que ofrece internet han provocado que cambie, incluso, la manera que tenemos los usuarios de relacionarnos con el mundo.

De este modo, encontramos diferentes maneras de compartir información:

- Redes sociales.
- Videollamadas.
- Plataformas virtuales (foros, wikis...).
- Mensajería instantánea.
- Blogs.
- Medios de comunicación *online*.

Así pues, teniendo en cuenta que la distribución de información a través de internet es algo que hacen prácticamente todos los usuarios cada día, es importante que esta se haga con **seguridad y privacidad.**

Algunos consejos para garantizar ambos aspectos son los siguientes:

- **Utilizar perfiles distintos:** se trata de utilizar dispositivos distintos para el ámbito profesional y para el personal. En caso de no ser posible, se recomienda crear perfiles de usuarios diferentes en función del uso que se le vaya a dar al dispositivo.
- **Cifrar la información:** cifrar la información confidencial es muy importante para lograr que, en caso de compartir datos sensibles, el impacto generado sea menor. De este modo, la persona que reciba la información deberá tener la clave para poder acceder a ella.
- **Comprobar los permisos de acceso:** se debe verificar que los destinatarios de la información a los que se les da permiso de acceso son aquellos con los que realmente se quiere compartir esos datos.
- **Redactar una nota sobre la responsabilidad del receptor de la información:** un consejo extra que se puede aplicar para proteger la información que se comparte es redactar una nota sobre la responsabilidad del receptor de la información. A través de esta nota, se le avisa al receptor de que los archivos recibidos son confidenciales y que no se deben compartir ni difundir.

2.1. Foros, wikis, etc.

Algunos de los principales medios para compartir información en internet son los foros o las wikis; comunidades globales en las que los usuarios pueden difundir información, así como acceder a ella.

Los **foros** virtuales son aplicaciones web que permiten acoger discusiones u opiniones *online*. Así, se trata de espacios abiertos para debatir sobre diferentes temas, con el principal objetivo de que grupos de intereses comunes puedan interactuar entre ellos.

 **RECUERDA**

En los foros se intercambian ideas, teorías y opiniones.

Dichos foros cuentan con un **moderador,** encargado de controlar los mensajes y evitar que el tono de la discusión se eleve demasiado.

Actualmente, se pueden encontrar **tres tipos de foros:**

Foro público
- Todos los usuarios pueden leer y enviar mensajes sin necesidad de registrarse previamente.

Foro protegido
- Es obligatorio registrarse para poder participar en él.

Foro privado
- No solo es obligatorio registrarse, sino que el moderador o administrador del foro debe validar la cuenta antes de poder empezar a participar.

De este modo, a los foros se les puede dar diferentes **usos:**

- Para exponer preguntas frecuentes (FAQ).
- Para fomentar la socialización (debatir sobre temas, intereses... con otros usuarios).
- Para fomentar los grupos de trabajo.
- En el ámbito académico, como herramienta de comunicación entre docente y estudiantes.

Lo cierto es que los foros *online* se han convertido en una de las plataformas para compartir información más concurridas en internet, pues no solo hay foros para prácticamente cualquier tema, sino que estos tienen múltiples **ventajas:**

- Es flexible.
- La información se queda grabada.
- Favorece el aprendizaje y la comunicación.
- Conecta a personas con los mismos gustos e intereses
- Fomenta el debate.
- Permite formular pensamientos más profundos.
- Facilita que participen personas introvertidas.

Pero lo cierto es que, a pesar de todo, los foros también pueden presentar algunas **desventajas** que pueden llegar a dificultar la comunicación en algunos momentos:

- Se pierde la comunicación no verbal.
- Puede dar lugar a confusiones al no conocerse el tono, la voz, las expresiones o los gestos faciales.
- Los participantes se pueden llegar a sentir aislados si no reciben respuesta a sus comentarios o ideas.
- No siempre es sencillo saber cuándo se ha terminado un tema.
- Puede llegar a suponer una sobrecarga de información.

 ACTIVIDAD COMPLEMENTARIA

5. Reflexiona sobre los tipos de foros y sus ventajas. ¿Has participado alguna vez en uno? ¿Sabrías identificar qué tipo de foro es y por qué? ¿Te aportó alguna de las ventajas nombradas anteriormente?

Otras de las plataformas más comunes en internet para compartir información son las llamadas wikis. Este concepto se acuñó gracias a Ward Cunninghan, quien en el año 1995 creó una herramienta *online* que permitía trabajar en la edición de una página web a un grupo de personas que se encontraban en diferentes lugares. Lo único que necesitaba cada una de estas personas para poder empezar a trabajar era acceso a internet y un navegador con el que poder editar formularios web.

Esta primera wiki se llamó WikiWikiWeb y fue un espacio dedicado al desarrollo de *software*.

 SABÍAS QUE...

El término *wiki* tiene su origen en el hawaiano, donde "wiki wiki" significa "rápido".

Actualmente, las wikis que se pueden encontrar en internet tienen un funcionamiento muy similar. Son plataformas o páginas web, cuyo contenido puede ser editado por cualquier usuario a través de un navegador. Así pues, estás páginas web se desarrollan a partir de la participación y colaboración de los diferentes usuarios.

Las **características** de las wikis son las siguientes:

- Se publica de forma inmediata.
- Es una herramienta colaborativa.
- Se puede tener acceso a versiones previas.
- Se pueden subir y almacenar documentos y archivos, como imágenes.
- Se pueden enlazar páginas externas.

En una wiki podemos diferenciar los siguientes participantes o contribuyentes:

Lector (Reader) - Se considera lector cualquier usuario que acceda a la web para leer el contenido.

Continúa en página siguiente >>

<< Viene de página anterior

Escritor (Writer)	- El escritor es aquel que tiene el permiso para editar el contenido de la wiki, añadiendo o modificando los datos que desee.
Editor (Editor)	- Este rol no siempre está presente, pero es el encargado de revisar los cambios que se han hecho en el contenido y aprobar su publicación.
Moderador (Moderator)	- Se trata del encargado de verificar que el trabajo en equipo funciona adecuadamente.
Administrador (Admin or Administrator)	- Se puede definir como el "dueño" de la wiki. Es el usuario principal, desarrolla el papel más importante y puede agregar o eliminar miembros.

NOTA

La wiki más famosa actualmente, la cual es conocida a nivel mundial, y en la que participan miles de usuarios diariamente es *Wikipedia;* una enciclopedia *online.*

Las wikis se han popularizado tanto porque cuentan con una serie de **ventajas,** las cuales hacen que sean plataformas muy llamativas para los usuarios:

- ⮞ La participación suele ser gratuita.
- ⮞ Son muy sencillas de utilizar.
- ⮞ Favorecen la colaboración entre usuarios.
- ⮞ Fomentan el aprendizaje cooperativo.
- ⮞ Permiten acceder a contenidos actualizados.
- ⮞ Son multilingües.
- ⮞ Su mantenimiento es sencillo.

Aunque estas plataformas ofrecen múltiples beneficios y enriquecen enormemente el ámbito *online,* hay que tener en cuenta que también poseen algunas **desventajas:**

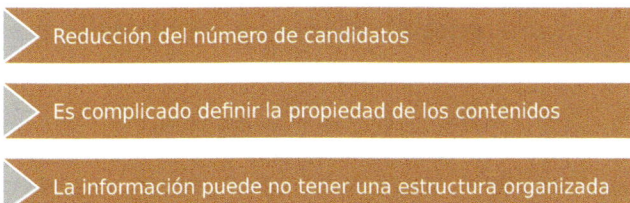

Reducción del número de candidatos

Es complicado definir la propiedad de los contenidos

La información puede no tener una estructura organizada

 **VÍDEO**

Puedes entender mejor el concepto de wiki y en qué consiste visualizando el siguiente vídeo:

https://redirectoronline.com/ifct460301

 PARA SABER MÁS

Puedes conocer cuáles son las principales wikis que se pueden encontrar en internet hoy en día leyendo el siguiente artículo:

https://redirectoronline.com/ifct460302

2.2. Uso básico de redes sociales como medio de comunicación

Hoy en día, las redes sociales se han convertido en un medio más de co-municación. Por un lado, permiten conectar a millones de personas cada día, pues son plataformas que favorecen la comunicación entre familiares, amigos, conocidos e, incluso, entre empresas o empresas y consumidores.

 **RECUERDA**

Las redes sociales permiten una comunicación rápida e inmediata.

Por otro lado, actúan ya como un medio de comunicación más. Y es que son muchos los medios informativos que encuentran en estas plataformas un lugar más en el que publicar sus contenidos y noticias, llegando así a mucha más gente.

De hecho, son muchos los usuarios que acceden a sus redes sociales para estar informados y poder tener acceso a información de actualidad y úl-tima hora.

 EJEMPLO

X también se ha convertido en uno de los principales medios de divulgación para los medios de comunicación; de hecho, es uno de los principales nexos de unión entre usuarios y la actualidad.

Por ejemplo, los periódicos (como en este caso, *El País*) utilizan *X* para publicar las principales noticias del día.

Continúa en página siguiente >>

<< Viene de página anterior

También se utiliza para publicar noticias de última hora, ampliaciones de otras noticias e, incluso, publicar vídeos cortos que acompañen a las noticias de una manera mucho más visual. Esto hace que los usuarios se relacionen con la actualidad de otro modo.

 TAREA 3

Martín es un apasionado de la fotografía y ha decidido buscar algún espacio en internet para poder compartir su pasión con otros usuarios, preguntar dudas, aprender nuevos trucos, etc.

Pero Martín también tiene conocimientos sobre dos movimientos artísticos en particular, y le gustaría descubrir algún otro espacio en la red en el que poder publicar estos conocimientos y ayudar a otros que busquen esa información.

Actúa como si fueras Martín y explica cuáles son las plataformas que le pueden servir para sus objetivos. ¿Por qué?

---

3. Comunicación mediante tecnologías digitales

 HILO CONDUCTOR

Además de compartir información, a Juan le explican que a través de su ordenador —y con una conexión a internet— podrá comunicarse con quien desee. Para ello, le hablan de diferentes plataformas que le pueden ser de gran utilidad, tanto para la comunicación textual como para la comunicación audiovisual.

Las tecnologías digitales se pueden definir como aquellas tecnologías en las que se aplican métodos para desarrollar sistemas que permitan automatizar algunos procesos. Actualmente, las tecnologías digitales más comunes y que ya están de lleno instauradas en la vida diaria de la sociedad son, por ejemplo, los ordenadores, los teléfonos móviles, los *Smartphones,* las tabletas, las cafeteras inteligentes o los automóviles.

Por lo tanto, se puede decir que las tecnologías digitales han tenido un gran impacto (y siguen teniendo, pues están en constante evolución) en los siguientes ámbitos:

Así pues, las tecnologías digitales han constituido un nuevo medio de comunicación entre personas (o entre usuarios). ¿Quién no utiliza ya el teléfono móvil para hablar con sus familiares? ¿O para contactar con el Departamento de Atención al Cliente de una empresa? ¿O para pedir comida a domicilio?

 **RECUERDA**

El 66,2 % de la población mundial son usuarios de internet y, por tanto, de la tecnología digital.

De hecho, la **comunicación está dominada por las aplicaciones de mensajería instantánea y las redes sociales.** Es en este contexto donde entra en juego la denominada **comunicación digital,** la cual tiene las siguientes **características:**

- ➲ Permite compartir información de manera más rápida y eficaz.
- ➲ Permite el acceso a información actualizada en todo momento.
- ➲ Está al alcance de la mayoría de usuarios.
- ➲ Favorece la interacción.
- ➲ Estimula el intercambio de información entre cliente y empresa.
- ➲ Existen nuevos formatos para transmitir información: texto, imágenes, vídeos, animaciones...

3.1. Comunicación textual: chats, sistemas de mensajería, etc.

Uno de los principales tipos de comunicación que podemos encontrar en las tecnologías digitales es la **comunicación textual.** Hace referencia a aquella que se realiza a través de las palabras o de cualquier otro código escrito.

A grandes rasgos, podemos diferenciar diversos modos de disfrutar de la comunicación textual en este ámbito: chats, sistemas de mensajería, aplicaciones de mensajería instantánea, redes sociales...

Chats

Los chats son un método de comunicación digital en el que se mantiene una conversación en tiempo real y de manera instantánea con otros usuarios. Normalmente, estos chats se realizan a través de plataformas elaboradas para tal fin.

Los chats pueden ser:

Públicos	Privados
- En los chats públicos pueden participar en la conversación todos los usuarios que estén conectados.	- En los chats privados solo pueden participar aquellos usuarios que tengan una invitación a estos.

NOTA

El término *chat* proviene de un vocablo inglés que significa "charla".

Los chats se crearon con el objetivo de que las personas pudieran comunicarse e intercambiar información de manera rápida, sin importar su ubicación geográfica. De este modo, los chats sirvieron desde un inicio para romper las barreras de tiempo y distancia de una forma económica.

Actualmente, las **aplicaciones de chat más utilizadas** son las siguientes:

- **Slack:** es una plataforma de chat que se basa en canales. Pueden utilizarla todos los usuarios, pero está especialmente pensada para los grupos de trabajo. Así, permite crear grupos de chats para favorecer el trabajo en equipo y la comunicación rápida y eficaz.
- **Google Chat:** es una aplicación de chat elaborada por *Google* que permite a todos los usuarios mandarse mensajes de texto en chats tanto individuales como en grupo.

Mensajería instantánea

La mensajería instantánea (IM) es otra de las modalidades de comunicación más extendida en las tecnologías digitales. De hecho, son muchos quienes adquieren *Smartphones,* por ejemplo, para poder utilizar algunas aplicaciones de mensajería instantánea.

La mensajería instantánea se puede definir como el tipo de comunicación entre dos o más personas que se realiza a través del intercambio de mensajes de texto casi en tiempo real y que tiene lugar mediante una aplicación.

La mensajería instantánea es utilizada por millones de usuarios en el mundo porque tiene las siguientes **ventajas:**

- Es rápida.
- Es eficaz.
- Es instantánea.
- La distancia no supone un problema.
- Ayuda a economizar el tiempo.
- Se pueden enviar todo tipo de archivos.

Hoy en día, las principales aplicaciones de mensajería instantánea son las siguientes:

- **WhatsApp:** es la aplicación de mensajería instantánea más conocida a nivel mundial. Sirve para enviar mensajes de texto, así como otros archivos (audios, vídeos, fotografías, documentos...). En el año 2014 fue adquirida por *Facebook*. Actualmente, también es posible realizar llamadas y videollamadas a través de esta aplicación.
- **Line:** es una aplicación muy similar a *WhatsApp* y también permite enviar mensajes, así como fotografías, vídeos y audios, y realizar tanto llamadas como videollamadas. Se empezó a hacer popular por el uso de los *stickers*.
  Esta app cuenta con una peculiaridad y es que dispone de un timeline, como si de una red social se tratara, para compartir publicaciones.
- **Telegram:** se puede decir que *Telegram* es el rival directo de *WhatsApp*. Esta es una aplicación de mensajería instantánea muy segura, ya que sus mensajes son encriptados y solo el destinatario puede leeros, teniendo la opción incluso de que se autodestruyan.
  Esta aplicación no solo permite la mensajería instantánea entre usuarios, sino que también permite crear canales de difusión públicos.
- **WeChat:** es la aplicación de mensajería instantánea más popular en China y tiene un funcionamiento muy similar al resto de aplicaciones de mensajería. Se pueden enviar tanto mensajes de texto como vídeos, audios o fotografías. También permite realizar llamadas.
- **KaKaoTalk:** es la aplicación de mensajería instantánea más utilizada en Corea del Sur. Permite chatear, enviar fotografías, vídeos, audios, *stickers* y compartir la ubicación.
- **Facebook Messenger:** es la aplicación de mensajería instantánea que viene integrada con la red social de *Facebook,* y aunque para utilizarla es necesario tener una cuenta en dicha red social, es una de las aplicaciones más usadas a nivel mundial.
  Permite enviar mensajes de texto, fotografías, vídeos, audios, documentos e, incluso, realizar videollamadas y utilizar filtros.

 **VÍDEO**

En el siguiente vídeo puedes ver, rápidamente, un recorrido por cuáles han sido las principales aplicaciones de mensajería instantánea en los últimos años. Esto te dará una idea sobre cómo las comunicaciones han ido evolucionando y cómo estas aplicaciones se han ido adaptando a las necesidades de la sociedad en cada momento:

Continúa en página siguiente >>

<< Viene de página anterior

https://redirectoronline.com/ifct460303

APLICACIÓN PRÁCTICA

Alba es una estudiante de Periodismo que desea estar al día de las noticias que ocurren en Nueva York. Para ello, le han comentado que hay una aplicación en la que puede acceder a un grupo de difusión de manera pública y gratuita y tener acceso a esas noticias, ya que se irán difundiendo a través de dicho grupo.

¿Qué aplicación de mensajería instantánea debe utilizar Alba para ello?

Solución

Telegram, esta aplicación permite crear canales de difusión públicos.

3.2. Comunicación audiovisual: videoconferencia (*Skype, Google Meet,* etc.)

Otra de las modalidades de comunicación con la que nos encontramos en las tecnologías digitales es la **comunicación audiovisual.** Esta es la que permite realizar videollamadas o videoconferencias, pudiendo ver a nuestro interlocutor a través de la pantalla. En una videoconferencia pueden participar dos o más usuarios y, normalmente, se necesita una invitación antes de iniciar la llamada.

Algunas de las principales herramientas o aplicaciones para poder realizar videollamadas son:

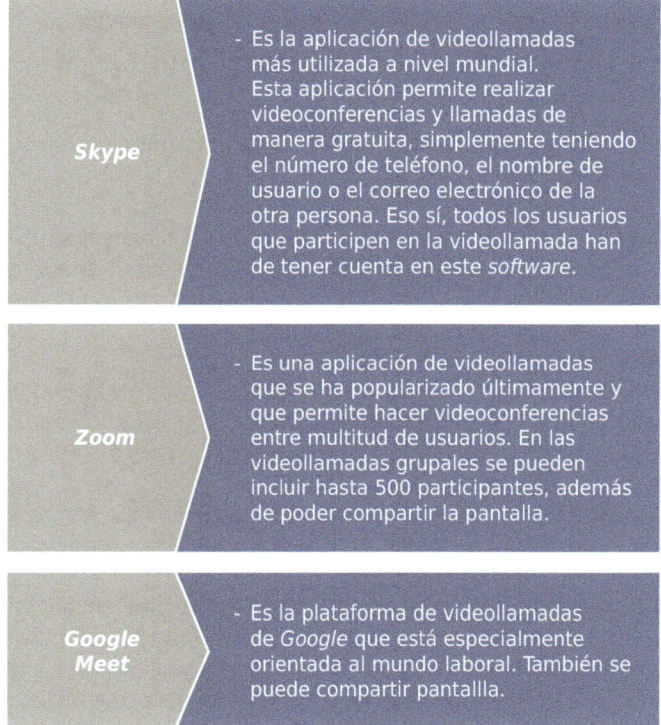

Skype
- Es la aplicación de videollamadas más utilizada a nivel mundial. Esta aplicación permite realizar videoconferencias y llamadas de manera gratuita, simplemente teniendo el número de teléfono, el nombre de usuario o el correo electrónico de la otra persona. Eso sí, todos los usuarios que participen en la videollamada han de tener cuenta en este *software*.

Zoom
- Es una aplicación de videollamadas que se ha popularizado últimamente y que permite hacer videoconferencias entre multitud de usuarios. En las videollamadas grupales se pueden incluir hasta 500 participantes, además de poder compartir la pantalla.

Google Meet
- Es la plataforma de videollamadas de *Google* que está especialmente orientada al mundo laboral. También se puede compartir pantallla.

3.3. Herramientas colaborativas

Las tecnologías digitales también han permitido la proliferación de las llamadas **herramientas colaborativas.** Estas herramientas pueden definirse como programas que sirven para intercambiar conocimientos a través de la web, favoreciendo así el trabajo y la colaboración en equipo.

Así, permiten a los usuarios que las utilizan comunicarse y trabajar de manera conjunta sin necesidad de estar en el mismo espacio físico. Hoy en día, dichas herramientas colaborativas se han convertido en imprescindibles en prácticamente cualquier entorno de trabajo.

NOTA

Las herramientas colaborativas también reciben el nombre de *groupware*.

Algunas de las herramientas colaborativas más interesantes que se pueden encontrar son las siguientes:

- ⮑ **Trello:** es una aplicación colaborativa que sirve para gestionar proyectos. Permite crear un escritorio con columnas en el que ir anotando tareas. Sirve para trabajar en grupo e ir gestionando el proyecto a tiempo real, viendo en qué momento está cada tarea y cuáles son las previsiones siguientes, por ejemplo.
- ⮑ **Google Drive:** es el paquete de herramientas colaborativas de *Google*, que cuenta con diferentes programas de edición de texto, hojas de cálculo, presentaciones y otros, y que permite que distintos usuarios trabajen esos archivos a la vez.
- ⮑ **Dropbox:** es una herramienta de almacenamiento en la nube que sirve para guardar y compartir todo tipo de archivos, permitiendo además editar *online* algunos de ellos.
- ⮑ **ClickUp:** es una herramienta colaborativa muy similar a *Trello,* la cual permite gestionar proyectos de manera muy sencilla. Se pueden crear paneles de trabajo, rellenando cada uno de ellos con las tareas a realizar y pudiendo cambiar el estado de la tarea para que todos los participantes sepan en qué punto se encuentra. Se pueden asignar tareas, utilizar etiquetas, poner fechas de entrega, realizar comentarios, etc.
- ⮑ **OneDrive:** es la herramienta colaborativa de *Microsoft* y tiene un funcionamiento similar a *Dropbox*. Permite almacenar y compartir archivos.

TAREA 4

Lucas es el profesor de inglés de un curso de segundo de bachillerato en el IES público de su ciudad. Para su asignatura, ha creado grupos de trabajo para que desarrollen una actividad a lo largo de todo el curso.

Continúa en página siguiente >>

<< Viene de página anterior

Para ello, ha decidido utilizar diversas herramientas de comunicación y gestión de proyectos para poder controlar el avance de la tarea y, a su vez, para que cada grupo de trabajo la gestione también por su cuenta.

Hay que señalar que esta actividad se desarrollará tanto en el aula, dos días al mes, como fuera de ella, por lo que es necesario que los alumnos se puedan comunicar vía *online.*

Así pues, Lucas quiere incorporar tanto un chat como herramientas de comunicación audiovisual y colaborativas.

Actúa como si fueras Lucas y elabora un listado de las herramientas de comunicación que podría utilizar para gestionar el trabajo de sus alumnos.

----

4. Normas de conducta y peligros

☞ **HILO CONDUCTOR**

Por último, a Juan le explican la importancia de seguir unas normas de conducta a la hora de comunicarse en internet. Pero también le hacen especial hincapié en que debe ser precavido, ya que existen una serie de peligros y riesgos al participar en la red.

La participación en internet, en general, y la comunicación *online,* en particular, exige seguir unas normas de conducta para favorecer tanto el intercambio de información como la consecución de un espacio amable y amistoso.

Así pues, las normas de conducta en internet se rigen según la **Netiqueta,** un decálogo de reglas básicas que deben seguirse en internet para asegurar la convivencia y el buen uso de la red.

NOTA

La Netiqueta también se llama **Netiquette,** en inglés, y proviene de la unión de dos palabras:

- *Net* = red.
- *Etiquette* = etiqueta.

Las 10 reglas básicas de la Netiqueta son:

1. **Recuerda la parte humana y ten buena educación:** hay que tratar al resto de usuarios con respeto y educación. Es importante medir lo que se dice, pues esto puede ser archivado y utilizado luego en tu contra. Trata a los demás como te gustaría que te tratasen.
2. **Compórtate como en la vida real:** no olvides las leyes de la sociedad y del ciberespacio. Recuerda que al otro lado de la pantalla hay otro ser humano.
3. **Sé consciente del lugar en el ciberespacio en el que estás:** antes de participar, asegúrate de saber en qué sitio estás: en una red social, un foro, un blog... Lee las normas de conducta y recuerda que no todos los espacios funcionan de la misma manera.
4. **Respeta el tiempo de los demás:** antes de enviar una información, piensa en si es de importancia. También has de ser breve y conciso, ya que el tiempo de los demás también vale.
5. **Utiliza una buena gramática y ortografía:** a la hora de redactar correos o participar en el ciberespacio, revisa tu gramática y tu ortografía. Sé claro y coherente, además de no utilizar lenguaje ofensivo.
6. **Comparte el conocimiento de expertos:** comparte con otros usuarios tanto tus conocimientos como el de los demás expertos, favoreciendo así que el ciberespacio sea un lugar para enseñar y comunicar lo que sabes.
7. **Ayuda a controlar las controversias:** no entres en discusiones, sé prudente a la hora de opinar y formar parte de una conversación.
8. **Respeta la privacidad de los demás:** si compartes el ordenador con otros usuarios, no violes su intimidad y respeta sus datos. No mires sus archivos, no leas sus correos, etc.
9. **No abuses de tus ventajas:** no te aproveches de las ventajas que puedas tener por el conocimiento o el acceso a otros sistemas. No te aproveches de los demás.

10. **Excusa los errores de otros:** recuerda que tú también te has equivocado alguna vez y todos podemos hacerlo. No juzgues a los demás por sus fallos; ayúdalos.

La comunicación en internet, así como la participación en general en el mundo *online,* no está exenta de riesgos. Estos son los principales **peligros** a los que te puedes enfrentar:

Malware
- Se trata de un virus o *software* malicioso que tiene como objetivo hacer daño en el ordenador, provocando que empiece a funcionar mal.

Spam
- Este concepto hace referencia al llamado "correo basura". Son los mensajes que se reciben de manera casi masiva, sin haber sido solicitados por el usuario y cuyo objetivo es la propaganda, engañosa en la mayoría de casos.

Scam
- Se trata de estafas que se realizan a través de internet, y pueden realizarse mediante *spam* u otras técnicas. Por ejemplo, mensajes falsos para solicitar la contraseña de algún servicio en internet.

Ciberacoso
- Es la conducta por la cual se acosa y atormenta a una persona a través de internet, ridiculizándola, amenazándola y llevándola al quiebre emocional.

Grooming
- Es una práctica por la que un adulto persuade a un menor de edad, para crear un ambiente de confianza y obligarlo a realizar actividades sexuales.

Sexting
- Intercambio de mensajes, videos e imágenes de tipo erótico.

Robo de información
- Se puede robar desde contraseñas hasta información personal que se ha ido divulgando por la red.

Para evitar estos peligros, los usuarios también pueden tomar algunas medidas de prevención y seguridad:

- Instalar antivirus y cortafuegos.
- Utilizar contraseñas con un elevado nivel de seguridad.
- Revisar y limpiar el historial periódicamente.
- No abrir correos electrónicos sospechosos.
- No compartir información privada.
- Encriptar la información.
- Utilizar VPN para proteger la conexión a internet.
- Utilizar códigos de bloqueo en algunas aplicaciones.
- Controlar y vigilar a los menores.

4.1. Ciberacoso

El **ciberacoso** se puede definir como el acoso o intimidación a través de las tecnologías digitales. Este acoso se puede realizar a través de juegos, redes sociales, plataformas de mensajería, etc. Se trata de un comportamiento que se repite y que tiene como objetivo humillar, atemorizar o enfadar a la otra persona.

Algunos ejemplos de ciberacoso pueden ser:

- Difundir mentiras.
- Publicar fotografías vergonzosas.
- Enviar mensajes hirientes o amenazas.
- Hacerse pasar por otra persona para acosar a otros.
- Crear una página web perjudicial sobre otra persona.

Algunas tácticas para evitar el ciberacoso son las siguientes:

- Bloquear las cuentas nocivas.
- Hacer privadas tus cuentas de redes sociales.
- No enviar fotos ni vídeos a gente que no sea de confianza.
- Denunciar los acosos.
- Proteger las contraseñas y las conexiones a internet.

 **VÍDEO**

Visualiza el siguiente vídeo para descubrir algunos consejos útiles para evitar el ciberacoso:

https://redirectoronline.com/ifct460304

4.2. Suplantación de identidad

Otro de los peligros a los que nos podemos enfrentar en internet es la **suplantación de identidad.** Esta tiene lugar cuando una persona se hace pasar por otra, con el objetivo de cometer un perjuicio o un acto ilegal.

 **EJEMPLO**

Cuando alguien utiliza los datos bancarios de otra persona para realizar compras sin su consentimiento.

Esta suplantación de identidad se puede realizar de diferentes maneras:

- A través del DNI.
- A través del teléfono.
- A través de las redes sociales.
- A través de la SIM.

Hay algunas acciones que se pueden realizar para evitar la suplantación de identidad:

- ➲ No dejar en manos de extraños fotocopias del DNI.
- ➲ No confiar en correos o mensajes fraudulentos.
- ➲ Configurar la privacidad de los perfiles.
- ➲ Utilizar contraseñas fuertes y renovarlas periódicamente.
- ➲ Revisar la política de privacidad y las condiciones de los servicios a los que se accede.
- ➲ Asegurarse de la seguridad de las plataformas en las que se hagan compras por internet.
- ➲ No dejar el móvil desatendido.
- ➲ No publicar datos personales de forma abierta.
- ➲ No conectarse a redes wifi públicas.

5. Resumen

Actualmente, internet se ha convertido en un espacio donde **compartir información** con usuarios. Especialmente, nos encontramos con tres lugares básicos a los que los usuarios pueden acudir para buscar o divulgar información:

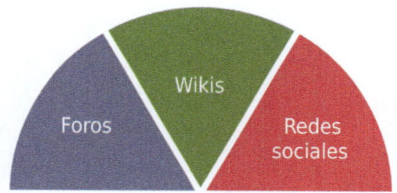

Asimismo, las tecnologías digitales se han convertido en la base de gran parte de la **comunicación** hoy en día:

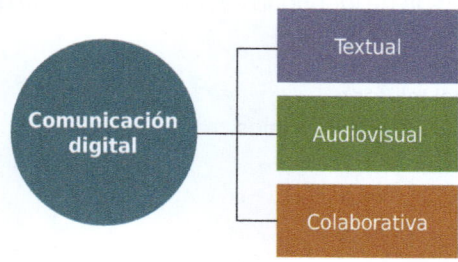

En cualquier caso, no hay que obviar que para comunicarse en internet hay que seguir unas normas de conducta, recogidas en la **Netiqueta:**

1. Recuerda la parte humana y ten buena educación.
2. Compórtate como en la vida real.
3. Sé consciente del lugar en el ciberespacio en el que estás.
4. Respeta el tiempo de los demás.
5. Utiliza una buena gramática y ortografía.
6. Comparte el conocimiento de expertos.
7. Ayuda a controlar las controversias.
8. Respeta la privacidad de los demás.
9. No abuses de tus ventajas.
10. Excusa los errores de otros.

Igualmente, hay que recordar que siempre hay posibilidad de sufrir algunos peligros en la red: *malware, spam, scam,* ciberacoso, *grooming, sexting,* robo de información.

Ejercicios de autoevaluación
Unidad de Aprendizaje 3

1. El _____ de un foro es el encargado de controlar los mensajes y evitar que el tono de la discusión se eleve demasiado.

    a. editor
    b. usuario
    c. moderador
    d. programador

2. ¿Qué significa "wiki wiki"?

    a. *Online.*
    b. Rápido.
    c. Internet.
    d. Colaboración.

3. ¿Qué nombre recibe quien crea el contenido escrito de una wiki?

    a. Escritor.
    b. Lector.
    c. Administrador.
    d. Editor.

4. Determina si la siguiente oración es verdadera o falsa: "Un chat público es aquel en el que los usuarios necesitan invitación para poder participar".

    ■ Verdadero
    ■ Falso

5. ¿Cuál de las siguientes opciones es una ventaja de la mensajería instantánea?

    a. Es rápida.
    b. Es eficaz.
    c. Economiza el tiempo.
    d. Todas las opciones son correctas.

6. ¿Cuál es la app de mensajería instantánea más utilizada en China?

    a. *WhatsApp.*
    b. *Telegram.*
    c. *WeChat.*
    d. *KaKaoTalk.*

7. ¿Cuál de las siguientes aplicaciones está enfocada al ámbito laboral?

    a. *Skype.*
    b. *Google Chat.*
    c. *Zoom.*
    d. *Google Meet.*

8. ¿Cuántas reglas básicas conforman la Netiqueta?

    a. 8.
    b. 15.
    c. 10.
    d. 6.

9. Los correos basura también se llaman...

    a. ... *malware.*
    b. ... *spam.*
    c. ... *scam.*
    d. ... robo de información.

10. Determina si la siguiente oración es verdadera o falsa: "La suplantación de identidad también se puede realizar a través de la SIM".

    ■ Verdadero
    ■ Falso

Creación del contenido

Contenido

Objetivos

El objetivo general de esta Unidad de Aprendizaje es:

→ Desarrollar los elementos fundamentales para la creación de contenido digital.

Los objetivos específicos de esta Unidad de Aprendizaje son:

→ Definir las herramientas ofimáticas.

→ Indicar las principales herramientas ofimáticas y sus funcionalidades.

→ Resumir el retoque básico de fotografías.

→ Definir los derechos de autor.

→ Distinguir los diferentes modelos de derechos de autor y de licencias.

1. Introducción

La creación de contenido está a la orden del día y es innegable que la informática se ha convertido en uno de los medios predilectos para tal fin. Así pues, es necesario conocer todas las herramientas y posibilidades que nos ofrecen los ordenadores y sus programas para poder crear este contenido.

Para empezar, hablaremos de las herramientas ofimáticas, las cuales se han convertido en un imprescindible hoy en día. En todos los ordenadores y en todos los ámbitos, el primer paso siempre es instalar este tipo de *software* para poder realizar las tareas más rudimentarias del día a día.

Por otro lado, también profundizaremos en el retoque básico de imágenes, ya que estas ganan protagonismo continuamente. Así, conoceremos cuáles son los retoques básicos y las principales herramientas para ello.

Por último, pero no por ello menos importante, retomaremos el tema de los derechos de autor y las licencias, algo fundamental a la hora de crear contenido.

Para el desarrollo de esta unidad, nos centraremos en el caso de Juan, cuya formación sobre informática sigue avanzando y, en esta ocasión, le van a hablar sobre las diferentes posibilidades que tiene de crear contenido digital.

2. Herramientas ofimáticas (hoja de cálculo y base de datos)

 HILO CONDUCTOR

En la clase de hoy, a Juan le hablan de las herramientas ofimáticas. Le explican cuáles son, para qué sirven y cómo le pueden ayudar en su día a día. Pero, sobre todo, le hacen especial hincapié en las hojas de cálculo y las bases de datos.

Las **herramientas ofimáticas** se pueden definir como el conjunto de aplicaciones, técnicas y programas informáticos utilizados con el fin de optimizar, automatizar y mejorar algunos procedimientos y tareas.

Así pues, estas herramientas facilitan la creación, manipulación, transmisión y almacenamiento de la información con la que se trabaja en una oficina.

NOTA

Habitualmente, las herramientas ofimáticas suelen presentarse en paquetes de programas que reciben el nombre de *"suites* de oficina u ofimática".

Actualmente, podemos encontrar dos principales tipologías de *suites* de oficina:

◗ **Soluciones de escritorio:** son los programas habituales, los que se instalan como *software* en el ordenador. Los más conocidos son *Microsoft Office* y *OpenOffice*.
◗ **Soluciones *online:*** son los programas que se encuentran en un servidor externo y que no hace falta instalar en el ordenador para utilizarlos. Se accede a ellos de manera *online* y desde cualquier dispositivo. Un ejemplo es *Google Drive*.

VÍDEO

En el siguiente vídeo puedes ver qué es *Google Drive*, cómo funciona y por qué es una de las *suites* de ofimática en la nube más utilizadas a día de hoy:

Continúa en página siguiente >>

<< Viene de página anterior

https://redirectoronline.com/ifct460401

En estos conjuntos de programas de ofimática nos solemos encontrar con las siguientes **herramientas principales:**

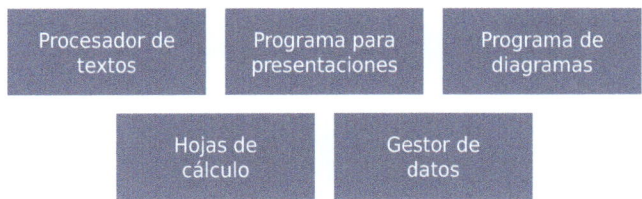

En general, se puede decir que la ofimática ofrece una serie de ventajas que no se pueden pasar por alto. Es por ello por lo que se han popularizador tanto sus herramientas y se han convertido en imprescindibles, tanto para trabajadores de oficina como para estudiantes o usuarios de la red.

Estas **ventajas** son las siguientes:

- ➲ Son fáciles de utilizar.
- ➲ Están disponibles para diferentes sistemas operativos.
- ➲ Son muy completas.
- ➲ Ayudan a optimizar el tiempo.
- ➲ Permiten la colaboración entre usuarios.

2.1. Hojas de cálculo y bases de datos

Los programas de ofimática más utilizados son aquellos que sirven para realizar **hojas de cálculo y bases de datos.** Y es que estos elementos ayudan a controlar y gestionar mucho mejor la información con la que se trabaja en una oficina.

Las **hojas de cálculo** se pueden definir como hojas digitales que ayudan a organizar tanto números como otra información, siendo especialmente útil para la contabilidad. Así, a través de las tablas, filas y columnas se pueden realizar operaciones matemáticas de manera instantánea, es posible crear filtros para navegar mejor entre la información, se pueden organizar los datos, etc.

NOTA

Una hoja de cálculo ayuda a optimizar el tiempo.

Todas las hojas de cálculo cuentan con los mismos **elementos** principales:

- Columnas.
- Filas.
- Celdas.
- Cuadro de nombres.
- Barra de estado.
- Barra de fórmulas.

A día de hoy, los principales programas que puedes encontrar para realizar hojas de cálculo son los siguientes:

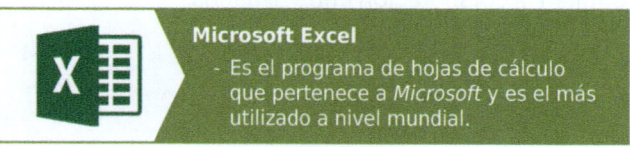

Microsoft Excel
- Es el programa de hojas de cálculo que pertenece a *Microsoft* y es el más utilizado a nivel mundial.

Continúa en página siguiente >>

<< Viene de página anterior

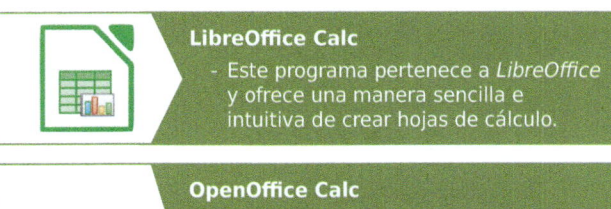

LibreOffice Calc

- Este programa pertenece a *LibreOffice* y ofrece una manera sencilla e intuitiva de crear hojas de cálculo.

OpenOffice Calc

- Es el programa de hojas de cálculo que pertenece a *OpenOffice*, otro de los *packs* de ofimática más utilizados. Es muy cómodo y, además, es compatible con otros programas como *Microsoft Word*, por ejemplo.

Numbers

- Es el programa de hojas de cálculo de Mac, viene instalado por defecto y cuenta con casi todas las funcionalidades de *Microsoft Excel*.

Con todos estos programas también se pueden realizar las denominadas **bases de datos,** las cuales permiten almacenar un gran número de información de manera organizada que facilite las búsquedas.

Dicho de otro modo, es un conjunto de datos que se ha organizado en un mismo contexto y que está almacenado para poder utilizarse en cualquier momento.

 EJEMPLO

Un proveedor de comida congelada puede tener una base de datos de los clientes en Almería.

 **VÍDEO**

Si visualizas el siguiente vídeo, podrás aprender a crear bases de datos en *Excel* de una manera rápida y sencilla:

https://redirectoronline.com/ifct460402

 ACTIVIDAD COMPLEMENTARIA

6. Piensa en algún ejemplo en el que se deba necesitar una base de datos y por qué puede ser útil tenerla.

---

3. Retoque básico de imágenes

 HILO CONDUCTOR

Más adelante, a Juan le hablan sobre el retoque básico de imágenes. ¿En qué consiste exactamente? ¿Qué tipo de retoques puede hacer? Además de eso, le comentan varios programas que le pueden ser muy útiles.

El retoque de imágenes se ha convertido en una de las principales tareas en la creación de contenido digital, y es que la imagen ha cobrado una gran importancia en todos los ámbitos, desde el nivel personal al profesional.

Hoy en día, se pueden encontrar diferentes programas que sirven para retocar las imágenes con un acabado profesional y a través de procesos tan sencillos como rápidos.

 **DEFINICIÓN**

Retoque fotográfico
Se trata de una técnica de posproducción que se utiliza para modificar una imagen, con el objetivo de mejorar su calidad, aumentar su realismo o elaborar una composición completamente distinta.

Habitualmente, los retoques fotográficos básicos suelen ser los siguientes:

1. **Ajustar la iluminación y el contraste:** se trata de conseguir que los colores de la imagen brillen más y tengan un mayor contraste, es decir, resalten más.
2. **Ajustar el balance de blancos:** servirá para eliminar los tonos azulados o verdosos que hay en algunas imágenes. Es decir, se conseguirán tonos neutros y blancos, especialmente en los fondos.
3. **Enfocar la imagen:** implica darle una mayor nitidez a la imagen.
4. **Regular la saturación:** eliminar o aumentar la intensidad con la que aparecen todos los colores de la imagen. Se puede aumentar la saturación para que los colores sean más vivos o bajarla para que se neutralicen más.
5. **Eliminar los elementos indeseados:** el retoque de fotografías también permite borrar o eliminar objetos y detalles que no deben aparecer en la imagen final.
6. **Enderezar la imagen:** consiste en poner la imagen recta, siguiendo la línea del horizonte.
7. **Recortar y encuadrar:** hace referencia a recortar la imagen y volver a encuadrarla, poniendo el foco en el objeto central o recortando aquello que sobra en los bordes.
8. **Utilizar filtros:** se trata de utilizar filtros predeterminados que te ayudan a retocar el color de la imagen.

 **VÍDEO**

En la actualidad, existen diferentes aplicaciones que pueden descargarse en el teléfono móvil para poder realizar estos retoques fotográficos más básicos:

https://redirectoronline.com/ifct460403

Hoy en día, el programa de edición fotográfica más conocido es **Adobe Photoshop;** un programa que sirve tanto para retocar imágenes como para el diseño gráfico o el diseño web. Es una herramienta muy completa y de pago, aunque también se pueden encontrar versiones de prueba gratuitas.

Este programa es compatible con cualquier sistema operativo y suelen utilizarlo los profesionales.

Retoque de imágenes *Photoshop*

Otro programa muy empleado debido a sus prestaciones, y a que se trata de una herramienta gratuita, es **GIMP.** Este programa también permite retocar imágenes y realizar tareas de diseño gráfico de una manera muy completa, siendo igualmente compatible con cualquier sistema operativo.

 **VÍDEO**

Puedes conocer un poco más sobre la curiosa historia que hay detrás de Adobe Photoshop visualizando el siguiente vídeo, elaborado por *El País* cuando se cumplieron 30 años de su lanzamiento:

https://redirectoronline.com/ifct460404

4. Derechos de autor y licencias

 HILO CONDUCTOR

Para finalizar la clase, a Juan le explican la importancia de los derechos de autor y las licencias. Él conocía el término, pero no sabía que había tantas clasificaciones y que era tan importante en el mundo digital.

A la hora de crear contenido digital, es esencial tener en cuenta los derechos de autor y las licencias de los contenidos que se utilizan para tal fin. Los **derechos de autor** son los derechos que tienen aquellas personas físicas o jurídicas creadoras de las obras.

Estos derechos de autor protegen diferentes gamas de obras, como:

| Obras escritas | Obras audiovisuales | Obras musicales | Obras artísticas |

Continúa en página siguiente >>

[99]

<< Viene de página anterior

Obras dramáticas y coreografías	Productos multimedia	Programas informáticos

Existen dos tipos de derechos de autor:

- **Derechos morales:** son irrenunciables y nadie los puede quitar. Son aquellos que tienen que ver con el reconocimiento de que el poseedor del derecho es el autor de la obra.
  Aquí se incluyen los siguientes derechos:

  - Derecho a decidir sobre la divulgación de la obra.
  - Derecho a exigir el reconocimiento de su condición de autor.
  - Derecho a exigir el respeto a la integridad de la obra, así como a impedir cualquier modificación, alteración o deformación de la misma.
  - Derecho a modificar la obra, respetando los derechos adquiridos por terceros y también las exigencias de protección de bienes de interés cultural.
  - Derecho a retirar la obra del comercio.
  - Derecho a acceder al ejemplar único cuando se halle en poder de otro.

- **Derechos patrimoniales:** son aquellos que tienen que ver con la explotación y la remuneración de la obra en cuestión.
  Así, los derechos de explotación son los siguientes:

  - Derecho de reproducción.
  - Derecho de distribución.
  - Derecho de comunicación pública.
  - Derecho de transformación.
  - Derecho de colección.

Por su parte, los derechos de remuneración corresponden al autor por la distribución, la reventa, los actos de comunicación al público u otros.

APLICACIÓN PRÁCTICA

Marina es una creadora audiovisual que ha elaborado un corto sobre educación sexual orientado a jóvenes y adolescentes. Ha decidido que su obra debe ser distribuida únicamente en centros escolares con fines educativos; no quiere que se comercialice fuera de ese ámbito. ¿A qué tipo de derechos de autor pertenece esta decisión?

Solución

A los derechos morales, se trata del derecho que tiene Marina a decidir sobre la distribución de su obra.

Existen **cuatro elementos** imprescindibles en lo referente a los derechos de autor y las licencias:

Copyright
- Es el término anglosajón que se utiliza para hacer referencia a los derechos de autor. De hecho, es el nombre más generalizado y es el que se utiliza, normalmente, para especificar que una obra está protegida y que no puede utilizarse sin el consentimiento del autor.
- Este es un derecho automático que se le da al autor por la mera creación, sin necesidad de registrarla, aunque el registro es la prueba legal del autor para poder demostrar que, efectivamente, es el dueño de la obra.

Copyleft
- Este hace referencia a un grupo de licencias que tiene como objetivo garantizar que la persona que recibe una copia de una obra puede utilizarla, modificarla y redistribuirla. Es decir, garantiza la distribución de una obra bajo unas condiciones establecidas de manera previa por el autor de la misma.
- Normalmente, este término es más común en el *software* libre, pero también se aplica en otros ámbitos como las fotografías o la música, por ejemplo.

Continúa en página siguiente >>

<< Viene de página anterior

Licencias *Creative Commons*
- Estas licencias forman parte del *Copyleft*, aunque ya se suelen utilizar como término independiente. Existen diferentes licencias, siendo cada una de ellas más restrictiva que la anterior.
- Habitualmente, estas licencias se utilizan en contenidos digitales.

Dominio público
- **S**e trata de una licencia que pertenece al dominio público y que, por tanto, hace referencia a que una obra podrá ser reproducida, distribuida, comunicada públicamente o puesta en internet, además de poder ser transformada para crear obras derivadas. Todo ello, sin necesidad de autoridad, tan solo respetando la autoría e integridad de la misma.

La propiedad intelectual es una propiedad limitada en el tiempo, porque los derechos exclusivos de autor tienen fecha de caducidad. Pasado el tiempo establecido, la obra pasa a dominio público.

Normalmente, la obra pasa a dominio público 70 años después de la muerte del autor y se computan a partir del 1 de enero del año siguiente a dicho fallecimiento.

 EJEMPLO

En el año 2013, dos famosas canciones de The Beatles pasaron a ser de dominio público: *Love me do* y *PS I love you*. En este caso, pasaron a ser de dominio público tras transcurrir 50 años desde su publicación.

 PARA SABER MÁS

Puedes conocer más sobre las licencias *Creative Commons* accediendo al siguiente enlace. Se trata de la propia página web del organismo que regula estas

Continúa en página siguiente >>

<< Viene de página anterior

licencias. En ella, podrás entender mejor en qué consisten, cómo funcionan y qué tipos de licencias existen:

https://redirectoronline.com/ifct460405

 TAREA 5

David es un fotógrafo que quiere llevar a cabo un proyecto cultural: quiere realizar fotografías de los diferentes pueblos de su provincia para poder promocionarlos en el área de turismo y tener un documento gráfico de las vidas y costumbres de dichas localidades. Estas fotografías las quiere recoger en diferentes volúmenes, a modo de libros.

Para realizar su trabajo, necesita tener el contacto de los ayuntamientos de las localidades, así como de algunas asociaciones, para poder organizar las sesiones fotográficas. También necesita crear los documentos para los permisos pertinentes.

Por otro lado, debe editar esas fotografías, aunque es un fotógrafo con gran experiencia y no suele necesitar hacer demasiadas ediciones, tan solo las relacionadas con la luz y el color. Al tratarse de fotografías rutinarias y que muestren una realidad, no quiere retocar mucho más.

Por último, desea que su obra se entregue de manera gratuita a los participantes en las fotografías y que se exponga en el ayuntamiento. También le gustaría que se pudieran vender algunos ejemplares y se realizaran actos de comunicación pública para promocionarlos.

Continúa en página siguiente >>

<< Viene de página anterior

Eso sí, tiene muy claro que los derechos de autor han de ser al uso, y no quiere ni que se modifiquen ni se distribuyan sus fotografías, tan solo como él ha indicado anteriormente.

Actúa como si fueras David y explica, paso a paso, cuáles son las herramientas con las que ha de trabajar, así como cuáles son los retoques fotográficos que debe aplicar y con qué derechos de autor está relacionado tanto David como su obra.

----

5. Resumen

Las **herramientas ofimáticas** son los programas esenciales que se encuentran en cualquier ordenador, ya que sirven para realizar tareas básicas y organizar mejor toda la información. Las principales herramientas son las siguientes:

- Procesador de textos
- Programa para presentaciones
- Programa de diagramas
- Hojas de cálculo
- Gestor de datos

Aunque hay que destacar, especialmente, dos:

- Hojas de cálculo
- Bases de datos

No hay que olvidar el **retoque básico de imágenes,** pues se ha convertido en una manera más de crear contenido, llegando a ser una tarea casi fundamental para utilizar el ordenador o cualquier otro dispositivo tecnológico.

Existen diferentes retoques muy sencillos y todos ellos se pueden realizar a través de dos herramientas, principalmente. Las más conocidas a día de hoy son:

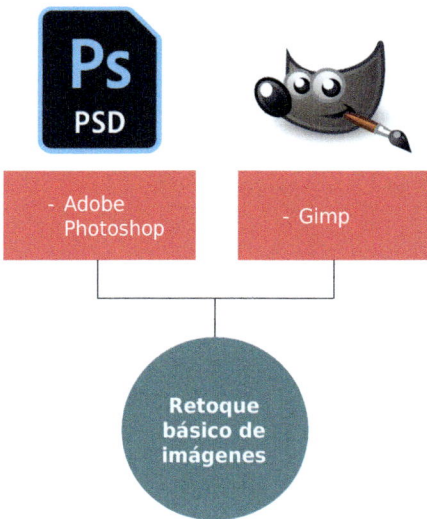

En cualquier caso, no hay que olvidarse de los **derechos de autor** y las licencias, ya que son fundamentales tanto para quienes crean obras como para quienes quieran distribuirlas. Así pues, hablamos de dos tipos de derechos de autor fundamentales:

➲ Derechos morales
➲ Derechos patrimoniales

Del mismo modo, existen elementos relacionados con las licencias y los derechos de autor que deben conocerse:

Ejercicios de autoevaluación
Unidad de Aprendizaje 4

1. **¿Qué nombre reciben los paquetes de programas que incluyen herramientas ofimáticas?**

   a. *Suites* de Adobe.
   b. *Suites* de oficina.
   c. *Suites* de edición.
   d. *Suites* de informática.

2. **¿Qué herramientas se consideran ofimática?**

   a. Procesador de textos.
   b. Programa de diagramas.
   c. Gestor de datos.
   d. Todas las opciones son correctas.

3. **Determina si la siguiente oración es verdadera o falsa: "Una hoja de cálculo es una hoja digital que ayuda a organizar números e información".**

   ■ Verdadero
   ■ Falso

4. **¿Qué nombre recibe el programa de *Mac* que sirve para realizar hojas de cálculo?**

   a. *Microsoft Excel.*
   b. *LibreOffice Calc.*
   c. *Numbers.*
   d. *OpenOffice Calc.*

5. **El retoque fotográfico es una técnica de _____ que se utiliza para modificar una imagen.**

   a. retoque
   b. realización
   c. posproducción
   d. informática

6. Darle nitidez a la imagen es:

    a. Enfocar la imagen.
    b. Regular la saturación.
    c. Utilizar filtros.
    d. Recortar y encuadrar.

7. Determina si la siguiente oración es verdadera o falsa: "El programa de retoques de imagen más utilizado por profesionales es GIMP".

    ■ Verdadero
    ■ Falso

8. Indica si los siguientes derechos son derechos morales o derechos patrimoniales:

    a. Derecho a exigir el reconocimiento de su condición de autor.
    b. Derecho a acceder al ejemplar único cuando se halle en poder de otro.
    c. Derecho de distribución.
    d. Derecho a exigir el respeto a la integridad de la obra, así como a impedir cualquier modificación, alteración o deformación de la misma.
    e. Derecho de comunicación pública.
    f. Derecho de colección.

9. ¿A qué derecho de autor pertenece el siguiente logo?

    a. *Copyright.*
    b. *Copyleft.*
    c. Licencias *Creative Commons.*
    d. Dominio público.

10. Determina si la siguiente oración es verdadera o falsa: "Los programas informáticos no tienen derechos de autor".

    ■ Verdadero
    ■ Falso

Seguridad

Contenido

Objetivos

El objetivo general de esta Unidad de Aprendizaje es:

→ Descubrir las principales herramientas de seguridad informática.

Los objetivos específicos de esta Unidad de Aprendizaje son:

→ Conocer las amenazas más comunes que pueden sufrir los ordenadores.

→ Indicar las diferentes opciones para la protección de los ordenadores.

→ Determinar las herramientas para proteger los dispositivos móviles.

→ Concretar las opciones para mantener protegidas las redes de datos.

1. Introducción

La seguridad es fundamental en el mundo de la informática. Los ordenadores, los dispositivos móviles y demás elementos tecnológicos forman ya parte de nuestro día a día, tanto a nivel personal como laboral. Esto hace que los necesitemos siempre funcionando correctamente, ya que, además, almacenan una gran cantidad de datos personales que pueden ser vulnerables.

Hablaremos sobre la importancia de proteger el ordenador, cuáles son las principales amenazas con las que nos podemos encontrar y qué herramientas tenemos a nuestro alcance para evitar los peligros.

También abordaremos la protección de los dispositivos móviles; otro de los elementos tecnológicos más utilizados en la actualidad. Del mismo modo que con los ordenadores, hay que llevar a cabo algunas acciones y contar con herramientas para protegerlos.

Por último, nos centraremos en la protección de las redes de datos. La seguridad de este tipo de redes es necesaria para evitar que los datos sean robados o se divulguen sin consentimiento.

Para el desarrollo de esta unidad, nos centraremos en el caso de Juan, a quien van a explicarle en el curso que una parte fundamental de la informática consiste en cuidar la seguridad y proteger los dispositivos digitales.

2. Protección del ordenador

 **HILO CONDUCTOR**

A Juan le comentan lo importante que es mantener protegido su ordenador o, de lo contrario, podrá sufrir ataques que afecten tanto al funcionamiento de este como a su privacidad. ¿Cuáles son las principales amenazas y con qué herramientas se pueden evitar?

- -

El ordenador se ha convertido en un dispositivo que se emplea prácticamente todos los días, bien sea como herramienta de trabajo o como de ocio. Y es que desde este dispositivo realizamos compras *online,* búsquedas de información, reservas de hoteles o viajes, enviamos correos electrónicos, consumimos elementos multimedia, almacenamos fotografías...

Al final, nos encontramos con un dispositivo en el que se almacenan datos personales o laborales y se está en contacto constantemente con otros muchos. Del mismo modo, hay ataques a los dispositivos que no perjudican directamente los datos personales o la información almacenada, sino que hacen que el ordenador no funcione de modo correcto.

Es por ello por lo que es necesario mantener el ordenador siempre protegido.

 **NOTA**

La principal amenaza de un ordenador es un **virus.** Se trata de un término que utilizamos de manera general para referirnos a cualquier ataque al dispositivo. Este puede afectar tanto al *software* como al *hardware*.

 **VÍDEO**

Como curiosidad, puedes conocer la historia del primer virus conocido en el mundo de la informática visualizando el siguiente vídeo:

https://redirectoronline.com/ifct460506

Si bien es cierto que, como hemos comentado, el término *virus* engloba a todas las amenazas, es necesario distinguir entre los principales peligros que acechan a un ordenador y en qué se diferencia cada uno de ellos:

- **Virus:** suelen ser archivos o aplicaciones infectadas que afectarán directamente al equipo, haciendo que vaya más lento, que se ejecute algún programa solo o borre archivos, por ejemplo.
  El virus no se propagará si, como usuarios, no lo abrimos.
- **Gusano:** es un tipo de virus que también afecta al funcionamiento del ordenador, pero que tiene una propagación mayor. Este puede reproducirse de forma indefinida y es más difícil acabar con él.
- **Troyano:** se trata, habitualmente, de una aplicación que parece inofensiva pero que, a la hora de ejecutarla, contiene un virus y afecta directamente al equipo. De este modo, el ordenador queda infectado y un *hacker* puede tomar el control del dispositivo de manera remota.
  Este tipo de virus ya no es tan popular actualmente como lo era hace años.
- ***Rootkit:*** es una amenaza que funciona en segundo plano, por lo que es casi imposible detectarla, a no ser que contemos con un antivirus. Su objetivo es controlar la información del equipo.
- ***Spyware:*** es un programa malicioso que también actúa en segundo plano y que se encarga de enviar la información que hay en el dispositivo a otros equipos. Este tipo de virus se utiliza con fines comerciales o para espiar a un usuario.
- ***Keyloggers:*** se trata de una amenaza que funciona en segundo plano y que registra toda la información que se teclea. Sirve, por lo tanto, para conseguir contraseñas y toda información sensible.
  Afecta directamente a la seguridad de las cuentas.
- ***Phising:*** es una práctica por la que se envían correos electrónicos o mensajes fraudulentos, haciéndose pasar por compañías (normalmente bancarias), y solicitando datos de acceso a alguna cuenta.
  Es uno de los tipos de estafa más comunes actualmente.

Los principales **tipos de virus informáticos** que debes conocer y diferenciar son los siguientes:

Residentes en memoria	- Estos virus se ubican en la memoria del ordenador y se activan al ejecutarse el sistema operativo. Esto hace que se infecten todos los archivos que se vayan abriendo. - Se trata de un virus que tiene control sobre la memoria del sistema. Además, su objetivo es corromper todos los archivos y programas que pueda.

Continúa en página siguiente >>

<< Viene de página anterior

De acción directa	- Estos tienen como fin replicarse y actuar cuando se ejecutan. Así, se ejecutan cuando el ordenador cumple una condición específica, haciendo que se ponga en marcha infectando a los ficheros especificados, llegando incluso a infectar dispositivos externos.
De sobreescritura	- Su principal característica es que borran la información que hay en los ficheros que infectan, convirtiéndolos en inutilizables. Cuando los corrompe, el virus reemplaza el contenido del fichero. - Es un virus muy sencillo de detectar.
De sector de arranque	- Afecta al sector de arranque del disco duro.
Macrovirus	- Estos son virus que infectan archivos que han sido creados utilizando algunas aplicaciones cuyos archivos tienen extensiones específicas (por ejemplo, .doc, .xls o .pps). - Este tipo de virus suele llegar al ordenador a través del correo electrónico.
Polimórfico	- Estos virus se codifican o encriptan de una manera diferente, utilizando algoritmos y claves de cifrado distintos cada vez que llegan a un sistema. Esto provoca que el *software* antivirus sea incapaz de encontrarlo en la base de datos.
FAT	- Es un virus que afecta a los archivos FAT, de modo que impide el acceso a algunas secciones del disco duro del ordenador, donde suelen almacenarse los archivos más importantes. Por lo tanto, puede provocar la pérdida de información de archivos.
De secuencias de comandos web	- Este virus copia comandos web para realizar acciones negativas.

Teniendo en cuenta estas amenazas, existen algunas **opciones para proteger el ordenador:**

- Utilizar un antivirus y mantenerlo actualizado.
- Actualizar periódicamente el *software.*
- Utilizar contraseñas seguras e ir renovándolas.
- No abrir archivos adjuntos ni enlaces extraños de correos electrónicos sospechosos.
- Desconectar internet en periodos en los que no se vaya a estar en casa.
- No hacer operaciones privadas en redes públicas.
- Comprobar siempre la seguridad de la red wifi.
- Hacer copias de seguridad.
- Cerrar la sesión en ordenadores compartidos.
- Crear usuarios distintos si se comparte ordenador.
- Limpiar el caché de internet y el historial de navegación.
- Utilizar un *firewall.*
- Usar un bloqueador de ventanas emergentes en el navegador.

2.1. Antivirus

Un **antivirus** es una aplicación que se encarga de detectar y eliminar virus tanto en ordenadores como en redes. Dicho de otro modo, se trata de un **programa que protege al ordenador de las diferentes amenazas que pueda haber en el sistema.**

Es imprescindible, para la seguridad del ordenador, contar con un *software* antivirus instalado y constantemente actualizado.

El antivirus tratará de cubrir las principales formas de ataque que pueda sufrir el ordenador.

NOTA

La mayoría de programas de antivirus hacen las revisiones del sistema de manera automática; normalmente, en cuanto se ejecuta el ordenador.

Así pues, el **funcionamiento** de un antivirus es el siguiente:

1. Analiza el sistema y los archivos.
2. Compara cada archivo con un diccionario de virus.
3. Si detecta algún virus conocido, se ejecuta el antivirus.
4. Lo ataca y lo destruye.
5. Vuelve a hacer una revisión.
6. Confirma que el sistema está limpio.

Por lo tanto, se puede decir que las **principales funciones de un antivirus** son:

Reparar el archivo
- El antivirus intenta reparar el archivo que ha sido infectado, eliminando el virus y volviéndolo a dejar limpio.

Poner el archivo en cuarentena
- El antivirus se encarga de proteger a los archivos del virus, evitando que pueda acceder a los mismos y, por tanto, impidiendo su propagación.

Eliminar el archivo
- Si no es capaz de reparar el archivo, decidirá directamente eliminarlo. Eso sí, siempre preguntando previamente al usuario.

Analizar todos los programas del sistema
- El antivirus realiza un seguimiento de todos los programas que hay en el dispositivo para monitorizar si hubiera alguna amenaza.

Lo cierto es que, actualmente, se pueden encontrar **dos categorías principales de antivirus,** cada una de las cuales tiene diferentes tipologías de este tipo de programas. Las dos grandes categorías de antivirus que se pueden destacar son:

- ➲ Según función
- ➲ Según ejecución

Los tipos de antivirus que podemos encontrar **según su ejecución** son:

- ➲ **Antivirus preventores:** son aquellos que se anticipan a la infección del sistema, analizando todas las entradas y salidas de datos del mismo. Para que este tipo de antivirus funcione, debe estar instalado en el disco del ordenador.
- ➲ **Antivirus identificadores:** su función principal es la de detectar amenazas que ya están activas en el sistema. Para ello, analizan todos los archivos que ya se encuentran en el sistema.
- ➲ **Antivirus descontaminadores:** se encargan de eliminar las infecciones que ya se han producido y que, por tanto, ya han atacado al ordenador. En muchas ocasiones, un mismo antivirus puede actuar como identificador y descontaminador.
- ➲ **Antivirus heurísticos:** son antivirus que actúan a modo de simulador.

Por su parte, **según su función** podemos hablar de:

- ➲ **Antivirus *online:*** es un antivirus que no está instalado en el ordenador, pero que necesita internet para poder funcionar.
- ➲ **Antivirus pasivo:** este tipo de antivirus solo actúa cuando el usuario lo solicita.
- ➲ **Antivirus *offline:*** se trata de un antivirus que tampoco está instalado en el ordenador y que no necesita de internet para ejecutarse.
- ➲ **Antivirus activo:** este antivirus actúa de manera autónoma, sin necesidad de que el propio usuario solicite su funcionamiento.

 **APLICACIÓN PRÁCTICA**

Diego es un estudiante de diseño gráfico que se ha descargado dos nuevos programas para poder realizar algunos de los trabajos que le han encargado. Después de hacer las descargas, ha entrado en el

Continúa en página siguiente >>

<< Viene de página anterior

antivirus que tiene instalado en el ordenador y ha ejecutado un escaneo en búsqueda de posibles virus. ¿Qué tipo de antivirus ha aplicado?

Solución

Es un antivirus pasivo porque es Diego el encargado de solicitar al programa que funcione. No actúa por cuenta propia.

2.2. Antimalware

Uno de los antivirus más conocidos recibe el nombre de **antimalware.** Este es un *software* especialmente diseñado y programado para prevenir, detectar y reparar *software* malicioso en los ordenadores.

 **NOTA**

Un *antimalware* es un antivirus que lucha contra un virus específico: el *malware*. Este es un *software* que tiene intenciones maliciosas y constituye una de las principales amenazas *online*.

Por tanto, se puede decir que un *antimalware* tiene dos **objetivos principales:**

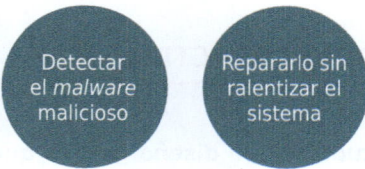

Detectar el *malware* malicioso

Repararlo sin ralentizar el sistema

 **VÍDEO**

Visualiza el siguiente vídeo para entender mejor el concepto de *malware* y poder diferenciarlo, así, del resto de virus conocidos:

https://redirectoronline.com/ifct460501

Para mantener protegido un ordenador es fundamental tener instalado un *antimalware,* con el que se puede detectar cualquier amenaza de este tipo y eliminarla antes de que afecte al funcionamiento del sistema.

Por lo tanto, se puede decir que utilizar un *antimalware* ofrece las siguientes **ventajas:**

- ➲ Se actualiza constantemente.
- ➲ Existen algunos gratuitos.
- ➲ Detecta y elimina los *malware* nocivos.
- ➲ No ralentiza el sistema mientras está en funcionamiento.
- ➲ Es sencillo e intuitivo de utilizar.
- ➲ Es fiable y eficaz.

Estos son algunos de los ***antimalware*** **más conocidos** a día de hoy:

- ➲ ***Malwarebytes Anti-Malware:*** este es el *antimalware* por excelencia, ya que es capaz de detectar hasta los *malware* más complicados. Tiene versión para uso personal y versión comercial o corporativa.
- ➲ ***Spybot Search and Destroy:*** este es un *software* gratuito muy conocido diseñado tanto para detectar *spyware* como *malware*.
- ➲ ***SmitFraudFix:*** es un *antimalware* gratuito capaz de detectar y eliminar el *malware*. Está diseñado para ser ejecutado en modo seguro en *Windows*.
- ➲ ***HijackThis:*** si bien es cierto que se trata de un *antimalware* excelente, está especialmente orientado a los profesionales de la informática. Es capaz de realizar un análisis en profundidad del ordenador y hacer un

informe conforme a los resultados obtenidos. También puede eliminar el *malware.*

2.3. *Firewall*

Un ***firewall*** es un *software* que se encarga de proteger la red privada de intrusiones o ataques de otras redes. También recibe el nombre de **cortafuegos,** ya que actúa como un muro protector entre la amenaza y el sistema.

Un firewall es una de las principales herramientas para proteger un ordenador hoy en día.

 **NOTA**

Un *firewall* permite gestionar y filtrar todo el tráfico, tanto entrante como saliente, que existe entre dos redes o entre ordenadores de una misma red. Para que este tráfico sea posible, debe cumplir una serie de reglas. En caso de no cumplirlas, ese tráfico será bloqueado por el cortafuegos.

SABÍAS QUE...

Los *firewall* han sido el protector de dispositivos más utilizado durante más de 25 años.

Es un *software* de protección de lo más completo, pues sus principales funciones son las siguientes:

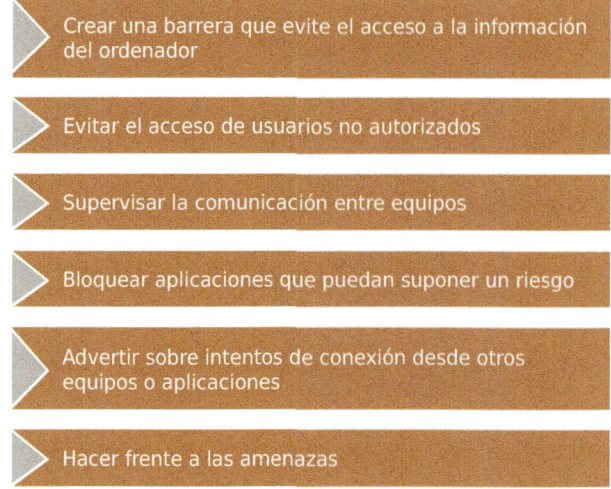

Crear una barrera que evite el acceso a la información del ordenador

Evitar el acceso de usuarios no autorizados

Supervisar la comunicación entre equipos

Bloquear aplicaciones que puedan suponer un riesgo

Advertir sobre intentos de conexión desde otros equipos o aplicaciones

Hacer frente a las amenazas

VÍDEO

Puedes entender mejor el concepto de *firewall,* su historia, sus funciones y sus principales características viendo el siguiente vídeo:

Continúa en página siguiente >>

[121]

<< Viene de página anterior

https://redirectoronline.com/ifct460502

 TAREA 6

Javier ha tenido un mes complicado en el trabajo: en el ordenador de su oficina ha recibido diferentes ataques y se ha dado cuenta de que ha sido por no contar con elementos de seguridad que le ayudaran a detectar y eliminar esas amenazas.

En primer lugar, instaló un *software* para crear hojas de cálculos que resultó contener un virus y ser malicioso. Otro día, un usuario desconocido accedió a su ordenador de manera remota para intentar filtrar información relativa a sus clientes. Y, por último, se dio cuenta de que tenía un programa actuando en segundo plano que le estaba robando las contraseñas y claves que tecleaba para acceder a algunas de sus cuentas laborales.

Identifica qué tipo de herramienta de protección le hubiera servido en cada caso: antivirus, *antimalware* o *firewall.*

---

3. Protección del dispositivo móvil

 HILO CONDUCTOR

El dispositivo móvil, según le cuentan a Juan, también puede sufrir ciberataques. En esta clase, le dan algunos trucos y consejos para que pueda mantener también protegido su *Smartphone* de manera sencilla y automática.

El dispositivo móvil, y especialmente el *Smartphone,* se puede describir como un accesorio imprescindible para muchas personas en su día a día. Y es que este permite realizar llamadas, compras, enviar mensajes instantáneos o correos electrónicos, tomar fotografías y vídeos, editar imágenes, realizar movimientos bancarios... Además, se le da uso tanto personal como laboral.

Así pues, al igual que un ordenador, este necesita estar protegido frente a amenazas y ataques que puedan vulnerar la seguridad, accediendo a información personal o afectando directamente al funcionamiento del dispositivo.

NOTA

Desde el 2020, los *Smartphones* se han convertido en el primer objetivo de los ciberataques.

En la actualidad, hay que proteger un teléfono móvil igual que a un ordenador.

PARA SABER MÁS

En los siguientes artículos puedes encontrar algunos de los antivirus más conocidos y eficaces para teléfonos móviles Android e iPhone.

Continúa en página siguiente >>

<< Viene de página anterior

Los mejores antivirus para el móvil	Los mejores antivirus para iPhone

https://redirectoronline.com/ifct460503	https://redirectoronline.com/ifct460504

La protección de tu dispositivo móvil puede ser más sencilla de lo que parece si tienes en cuenta una serie de **consejos** y llevas a cabo algunas acciones rutinarias:

- Utiliza una contraseña para bloquear el teléfono.
- Realiza copias de seguridad de manera periódica.
- No instales aplicaciones que provengan de fuentes desconocidas.
- Instala un antivirus.
- Mantén actualizado tu *software*.
- Ten cuidado cuando te conectes a redes wifi públicas.
- Desconecta las redes inalámbricas (como wifi o *bluetooth)* cuando no las estés utilizando.

 PARA SABER MÁS

Puedes conocer algunas aplicaciones útiles para proteger cualquier dispositivo móvil leyendo el siguiente artículo:

Continúa en página siguiente >>

<< Viene de página anterior

https://redirectoronline.com/ifct460505

 ACTIVIDAD COMPLEMENTARIA

7. Piensa si sigues alguno de los consejos anteriores o si realizas alguna acción concreta para proteger tu dispositivo móvil de amenazas y peligros. Si es así, explica qué haces y por qué.

---

4. Protección de la red de datos

 HILO CONDUCTOR

Por último, a Juan le hablan sobre la red de datos y sobre cómo puede protegerla. Esto es muy importante, ya que un ataque a su red puede hacer que intrusos accedan a sus datos más personales y privados.

En el ámbito de la protección y seguridad de los dispositivos tecnológicos, no hay que dejar de hablar de la **seguridad de red de datos** o **seguridad de datos.** Este concepto hace referencia a la seguridad informática que se encarga de proteger los datos de accesos no autorizados, los cuales puedan robarse, difundirse o resultar perjudicados. Se trata, por tanto, de llevar a cabo tareas y utilizar herramientas para proteger las redes.

NOTA

Un ataque a una red de datos se conoce como ataque cibernético.

Las mejores opciones para asegurar una **protección de la red de datos** adecuada son las siguientes:

Encriptación de datos
- La encriptación permite proteger tanto los datos como los archivos que se almacenan en las redes de datos o que viajan a través de internet. Así, los datos que están encriptados son ilegibles para aquellos usuarios que no dispongan de la clave de encriptación.

Detección de intrusos
- Existen sistemas de detección de intrusos de red (NIDS) que se encargan de supervisar de manera continua y pasiva el tráfico de la red. Su objetivo es buscar un comportamiento anómalo, que marcan para poder revisarlo y actuar si es necesario.

Firewall
- El *firewall* o cortafuegos es un antivirus que ya hemos explicado anteriormente y que evita el acceso de intrusos a las redes de datos.

Análisis de vulnerabilidad
- Es necesario contar con programas que se encarguen de analizar las posibles vulnerabilidades de la red de datos.

Ciberseguridad (HTTPS, SSL y TLS)
- La ciberseguridad y los protocolos HTTPS, SSL y TLS son fundamentales para proteger las redes de datos a la hora de navegar por internet.
- Los protocolos HTTPS ocultan y protegen los datos que se envían y se reciben en los navegadores. Por su parte, los protocolos SSL *(Secure Sockets Layer)* y TLS *(Transport Layer Security)* se encargan de encriptar datos.

Continúa en página siguiente >>

<< Viene de página anterior

Prevención de pérdida de datos (DLP)

- Una acción de seguridad de red de datos es la prevención de pérdida de datos. Esta abarca todas las medidas que se llevan a cabo para asegurar que datos confidenciales no se envían a través de la red. Para ello, hay *software* específico.para proteger las redes de datos a la hora de navegar por internet.

 TAREA 7

Amaia va todas las tardes, entre semana, a estudiar a la biblioteca pública de su ciudad. Normalmente, hay mucha gente, por lo que debe tener cuidado tanto con su teléfono móvil como con sus datos.

Todos los días, necesita conectarse —desde el móvil y desde el ordenador— a la red wifi de la biblioteca, que es pública, y se mueve por las diferentes salas, dejando sus cosas en la mesa donde estudia. Además, suele navegar por diferentes páginas web para encontrar información que necesita para sus estudios.

Nombra algunas de las opciones y herramientas que puede utilizar Amaia para proteger su teléfono móvil y la red de datos.

5. Resumen

En el ámbito de la seguridad tecnológica e informática, hay que proteger tres elementos principales:

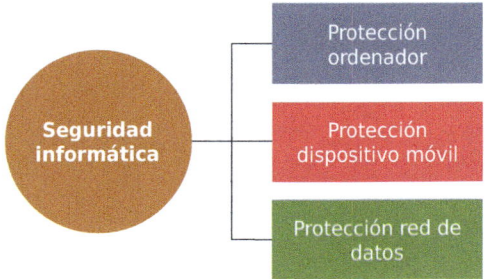

Cuando hablamos de **proteger el ordenador,** nos encontramos con que la principal amenaza se llama **virus.** Así, para evitar que los virus accedan al dispositivo, existen tres principales herramientas: antivirus, *firewall* y *antimalware.*

Por su parte, para **proteger el dispositivo móvil** se puede recurrir a los siguientes métodos:

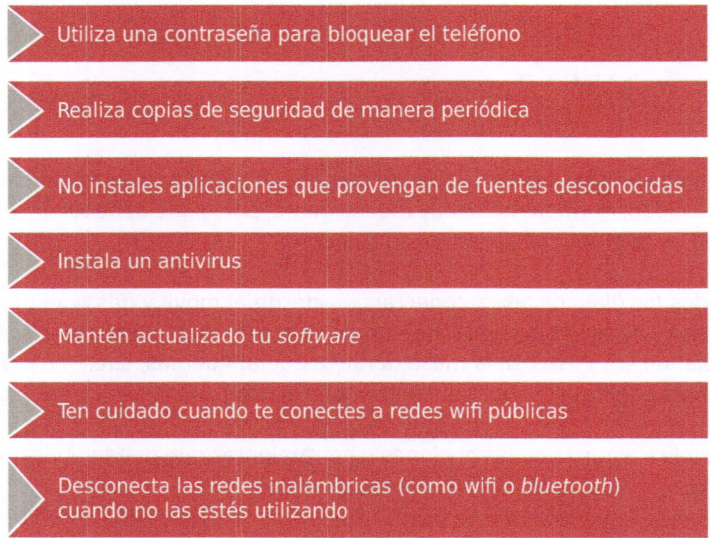

Utiliza una contraseña para bloquear el teléfono

Realiza copias de seguridad de manera periódica

No instales aplicaciones que provengan de fuentes desconocidas

Instala un antivirus

Mantén actualizado tu *software*

Ten cuidado cuando te conectes a redes wifi públicas

Desconecta las redes inalámbricas (como wifi o *bluetooth*) cuando no las estés utilizando

Por su parte, para asegurar la **protección de las redes de datos** contamos con las herramientas nombradas a continuación:

- ⮑ Encriptación de datos.
- ⮑ Detección de intrusos.
- ⮑ *Firewall.*
- ⮑ Análisis de vulnerabilidad.
- ⮑ Ciberseguridad (HTTPS, SSL y TLS.).
- ⮑ Prevención de pérdida de datos (DLP).

Ejercicios de autoevaluación
Unidad de Aprendizaje 5

1. ¿Qué tipo de virus es el que afecta al funcionamiento del ordenador y tiene una propagación muy rápida?

    a. Virus.
    b. Troyano.
    c. Gusano.
    d. *Rookit.*

2. ¿Cuál de las siguientes es una opción para proteger el ordenador?

    a. Actualizar periódicamente el *software.*
    b. Comprobar siempre la seguridad de la red wifi.
    c. Limpiar el caché de internet y el historial de navegación.
    d. Todas las opciones son correctas.

3. Ordena cronológicamente el funcionamiento de un antivirus:

- Lo ataca y lo destruye.
- Analiza el sistema y los archivos.
- Si detecta algún virus conocido, se ejecuta el antivirus.
- Vuelve a hacer una revisión.
- Compara cada archivo con un diccionario de virus.
- Confirma que el sistema está limpio.

4. Un antivirus _____ actúa a modo de simulador.

    a. preventor
    b. dentificador
    c. descontaminador
    d. heurístico

5. ¿Cómo se llama el programa que lucha contra un *software* malicioso?

    a. Troyano.
    b. *Antimalware.*

    c. *Firewall.*
    d. Protectvir.

6. ¿Cuál de las siguientes no es una función de un *firewall*?

    a. Hacer frente a las amenazas.
    b. Formatear el ordenador.
    c. Supervisar la comunicación entre equipos.
    d. Bloquear aplicaciones que puedan suponer un riesgo.

7. Determina si la siguiente oración es verdadera o falsa: "Desconectar las redes inalámbricas cuando no se están utilizando es un consejo de seguridad para proteger el dispositivo móvil".

    ■ Verdadero
    ■ Falso

8. Un ataque a una red de datos se conoce como...

    a. ... *hacker.*
    b. ... *spyrewall.*
    c. ... ataque cibernético.
    d. ... HTTPS.

9. Determina si la siguiente oración es verdadera o falsa: "Los datos que están encriptados son legibles por todos aquellos que tengan acceso al enlace en el que se almacenan".

    ■ Verdadero
    ■ Falso

10. ¿Qué significa SSL?

    a. *Transport Layer Security.*
    b. *Security Second Layer.*
    c. *Secure Socket Loyalty.*
    d. *Secure Sockets Layer.*

Resolución de problemas

Contenido

Objetivos

El objetivo general de esta Unidad de Aprendizaje es:

→ Identificar los posibles virus que afectan al ordenador y eliminarlos.

Los objetivos específicos de esta Unidad de Aprendizaje son:

→ Especificar los principales virus a los que se puede enfrentar un ordenador.

→ Identificar las señales que indican que un virus ha infectado el ordenador.

→ Mencionar los principales antivirus gratuitos.

→ Detallar las diferentes maneras en las que se puede infectar un ordenador.

→ Explicar cómo se elimina un virus del ordenador.

1. Introducción

Los virus, como hemos visto en unidades anteriores, son uno de los principales peligros a los que se enfrenta un ordenador. Por ello, es importante contar con las herramientas necesarias para poder detectar estas amenazas a tiempo y, por tanto, eliminarlas antes de que sea demasiado tarde.

Por este motivo, es importante saber detectar cuáles son las principales señales que recibimos de parte del ordenador para saber si un virus ha infectado el sistema operativo y está haciendo que este deje de funcionar correctamente. En función del tipo de virus que se haya instalado en el ordenador, las señales serán diferentes, aunque hay algunas que se repiten en varios casos, como el funcionamiento más lento o la aparición de publicidad.

Por otro lado, conocer cuáles son los pasos que hay que seguir para poder realizar un análisis en el ordenador es fundamental para así también poder detectar con rapidez si, efectivamente, un virus se ha adentrado en él.

Asimismo, es importante averiguar cuáles son los principales antivirus gratuitos que se pueden encontrar en la actualidad para mantener el ordenador siempre protegido, así como conocer el funcionamiento de al menos dos de ellos.

Para el desarrollo de esta unidad nos centraremos en el caso de Juan, quien ha llegado a sus últimas clases del curso. En estas clases le explican cuáles son las herramientas que tiene a su disposición para detectar virus y eliminarlos de su ordenador de manera sencilla y eficaz.

2. Detección y eliminación de virus y troyanos

 HILO CONDUCTOR

Han llegado las últimas clases y a Juan le van a explicar cómo puede detectar y eliminar los virus que se instalen en su ordenador. Esto es una tarea fundamental para mantener el dispositivo seguro y lograr así que funcione siempre correctamente.

La detección de los virus y troyanos es esencial para poder eliminarlos y reparar así el dispositivo, bien sea el ordenador o el teléfono móvil. Lo cierto es que la facilidad de detección de estos virus depende de cuán evidentes sean los síntomas de que el dispositivo está afectado.

 **RECUERDA**

Los virus son cualquier ataque que pueda recibir el dispositivo, que puede afectar tanto al *hardware* como al *software.* Por su parte, los troyanos son aplicaciones que, aparentemente, son inofensivas pero que en realidad están afectadas. Cuando un troyano infecta un dispositivo, un *hacker* toma el control de este.

Hace años, era muy sencillo descubrir cuándo un virus había infectado el dispositivo: se borraba toda la información del disco duro, aparecían bolas rebotando por toda la pantalla o, incluso, llegaban a abrir y cerrar el lector de CD.

Actualmente, hay algunas señales que también son obvias (aunque no tanto como antes), pero hay otras mucho más sutiles que hacen que los virus y troyanos pasen desapercibidos durante más tiempo. Debes tener en cuenta que cuanto más tiempo tardes en detectar el virus, puede ser más difícil eliminarlo y, además, más daños podrá haber sufrido el dispositivo.

Es importante revisar el ordenador periódicamente para poder descubrir estas amenazas rápidamente y, así, actuar en consecuencia.

Estar atento a las señales es fundamental para detectar cuándo un virus ha accedido al sistema y está empezando a afectarle. En función del tipo de virus que sea, las señales serán unas u otras.

Estos son los **principales virus** que pueden atacar a cualquier dispositivo ordenador o móvil:

- ➲ *Adware.*
- ➲ *Spyware.*
- ➲ Falso antivirus o falso soporte técnico.
- ➲ Troyano.
- ➲ *Ransomware* o *software* de extorsión.
- ➲ Mineros de *bitcoin* y criptomonedas.

El *adware* es un virus que se dedica a mostrar publicidad en todo el ordenador y en el navegador web. Por su parte, el *spyware* recopila datos personales para acceder a cuentas (como la bancaria).

Cuando alguno de estos dos virus afecta al dispositivo, se pueden identificar las siguientes señales:

> El ordenador se inunda de publicidad: *banners* en el escritorio, ventanas insistentes que no se pueden cerrar, muchas pestañas publicitarias en el navegador web...

> Aparecen extensiones y barras de tareas instaladas en el navegador web.

> Algunas funciones de los navegadores aparecen desactivadas.

> Las páginas web de los antivirus están bloqueadas.

> El navegador web se abre inesperadamente y accede a páginas web al azar.

> El *firewall* avisa de que hay algún programa que desea conectarse a internet.

Los **falsos antivirus o falsas aplicaciones de soporte técnico** son programas que tratan de hacerse pasar por este tipo de *software* para acceder al ordenador. El primero tiene un funcionamiento muy sencillo: dice que el ordenador está infectado con muchos virus y, para repararlo, es necesario pagar una licencia. Si se introducen esos datos bancarios, esta información la recogerá el pirata informático.

El segundo también avisa de que el dispositivo ha sido infectado y, para repararlo, hay que llamar al soporte técnico. Este número de teléfono es fraudulento y se pedirá instalar un programa para controlar el ordenador de manera remota. Este programa es un troyano y también se solicita realizar una transferencia para pagar una licencia.

NOTA

Estos virus también reciben el nombre de **rogueware.**

- -

Las principales señales de que un virus de este tipo ha afectado el dispositivo son las siguientes:

- ➲ Aparecen insistentes mensajes avisando de que hay muchos virus y errores en el ordenador.
- ➲ El ordenador emite mensajes de voz de repente.
- ➲ El dispositivo empieza a funcionar muy lento.
- ➲ Algunas aplicaciones tratan de acceder a internet sin permiso.
- ➲ El ordenador se bloquea o reinicia frecuentemente.
- ➲ Las aplicaciones o programas se abren con mucha lentitud.
- ➲ Algunos programas no pueden abrirse.
- ➲ El antivirus y el *firewall* se desactivan o desaparecen.

Los **troyanos,** tal y como has podido comprobar en la unidad anterior, son un *software* maligno que se introduce en el ordenador y por el cual un pirata informático controla el dispositivo de manera remota.

Las señales que podemos identificar cuando este virus se ha instalado en el sistema son las siguientes:

- ➲ El ordenador se bloquea y empieza a tener un funcionamiento extraño.
- ➲ Se ejecutan programas inesperadamente.
- ➲ El ordenador va muy lento.
- ➲ Hay algunas aplicaciones y páginas web que dejan de funcionar.
- ➲ Algunos archivos personales se modifican o desaparecen.
- ➲ El disco duro está en constante funcionamiento.

⊃ Aumenta el número de correos *spam*.

⊃ El *firewall* y el antivirus desaparecen: no se pueden ni ejecutar ni instalar.

El **ransomware o software de extorsión** es uno de los *malware* más peligrosos que se pueden encontrar en la actualidad. Se trata de un virus que, al instalarse en el ordenador, cifra todos los datos personales para impedir que se pueda acceder a ellos. Pero no solo eso: para recuperar los datos piden un **rescate en criptomonedas o tarjetas de crédito.**

Estas son algunas señales que pueden avisarnos de que un *ransomware* ha infectado nuestro dispositivo:

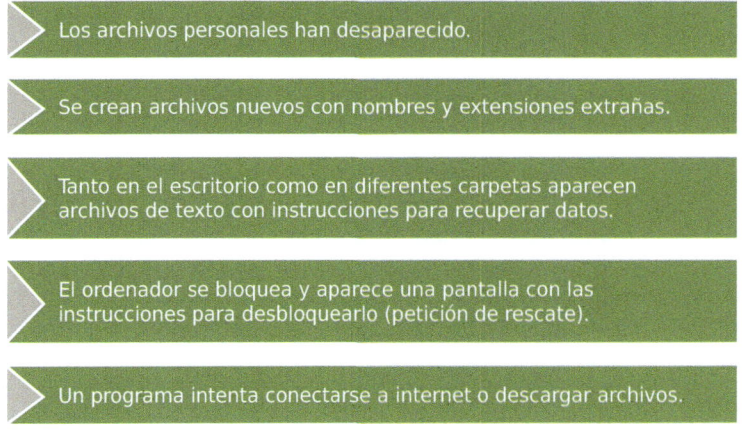

Los archivos personales han desaparecido.

Se crean archivos nuevos con nombres y extensiones extrañas.

Tanto en el escritorio como en diferentes carpetas aparecen archivos de texto con instrucciones para recuperar datos.

El ordenador se bloquea y aparece una pantalla con las instrucciones para desbloquearlo (petición de rescate).

Un programa intenta conectarse a internet o descargar archivos.

SABÍAS QUE...

En el año 2017 un *ransomware* atacó a múltiples empresas a nivel global. Este virus se llamaba *WannaCry* y llegó a afectar a 74 países, entre los que se encontraban España, Portugal, Reino Unido y Rusia.

Así, afectó a grandes empresas y organizaciones tales como la sede de Telefónica en Madrid, el Ministerio del Interior ruso o el sistema británico de salud. El objetivo del ataque era poner a grandes empresas entre la espada y la pared, extorsionándolas al haber robado miles de datos vulnerables.

Finalmente, se consiguió frenar el ataque gracias a un parche de Windows que lanzó *Microsoft*.

 **VÍDEO**

Puedes entender mejor el concepto de virus *ransomware* si visualizas el siguiente vídeo; una explicación clara y sencilla sobre el *software* de extorsión más famoso actualmente:

https://redirectoronline.com/ifct460601

Los **mineros de *bitcoins* o criptomonedas** son otro tipo de *malware* que ha ido ganando popularidad en los últimos años. Este virus actúa a través de un *software, a priori* inofensivo, que se adentra en el dispositivo y utiliza el *hardware* para minar criptomonedas. De este modo, utilizan la CPU y la GPU del ordenador, así como los recursos del mismo, para obtener su propio beneficio.

 **DEFINICIÓN**

Criptomoneda
Es una moneda digital (o medio digital de intercambio) que utiliza criptografía y vuelve las transacciones mucho más seguras. La criptomoneda más conocida en la actualidad es *bitcoin.*

Los síntomas que pueden dar pistas de que el dispositivo ha sido infectado con este tipo de virus son los siguientes:

- ⮑ El ordenador se bloquea o se reinicia de manera inesperada.
- ⮑ El ordenador se bloquea al intentar acceder a una página web.
- ⮑ El ordenador va lento.
- ⮑ Tanto la CPU como la GPU están siempre al 100 %.

 **VÍDEO**

En el siguiente vídeo podrás observar de manera más visual cuáles son algunos comportamientos de un ordenador que está infectado por un virus:

https://redirectoronline.com/ifct460602

A pesar de que, normalmente, haya evidencias claras (como las señales nombradas con anterioridad) sobre la existencia de un virus en el ordenador, siempre es necesario **realizar un análisis del dispositivo** para poder saber exactamente qué virus hay, a qué ha afectado y cómo eliminarlo.

Así pues, hay diferentes opciones para realizar dicho análisis:

Ejecutar el antivirus instalado en el ordenador
- La opción más común es la de ejecutar el antivirus que se tenga instalado en el ordenador. Este se encargará de realizar un análisis en todos los sistemas y archivos del ordenador, buscando un posible virus.

Ejecutar un antivirus portable
- Se trata de ejecutar un antivirus que no está instalado en el ordenador pero que puede abrirse desde una memoria USB. Gracias a esto, el virus no podrá ni desactivarlo ni bloquearlo al infectar el ordenador.

Ejecutar un antivirus *online*
- Otra opción muy concurrida es la de ejecutar un antivirus *online*, es decir, desde una página web o plataforma *online*. Este tipo de virus tampoco está instalado en el ordenador, pero tiene un funcionamiento similar al de cualquier otro.

Continúa en página siguiente >>

<< Viene de página anterior

Realizar un análisis sin conexión
- Hay algunos antivirus que ofrecen la posibilidad de realizar un análisis sin conexión, es decir, el análisis se realiza desde la consola de recuperación del ordenador, antes de cargar el sistema operativo. Esto impide que el virus pueda bloquear el funcionamiento del antivirus.
- Normalmente, un análisis de este tipo también se encarga de eliminar el virus antes de llegar a arrancar siquiera el ordenador.

 ## PARA SABER MÁS

Actualmente, el sistema operativo *Windows* cuenta con un antivirus instalado de fábrica. Esto quiere decir que, por norma general, no es necesario instalar ningún antivirus extra para poder mantener el ordenador protegido.

En el siguiente artículo podrás aprender cómo realizar un análisis de tu ordenador con el propio antivirus de *Windows.*

https://redirectoronline.com/ifct460604

3. ¿Cómo se puede infectar el ordenador?

 ## HILO CONDUCTOR

A Juan le surge una duda: ¿no debería también saber cuáles son las maneras más comunes en las que se puede infectar un ordenador? Esto le permitirá tener cuidado y saber en qué ha fallado en caso de que un virus se instale en su dispositivo.

Está claro que, para poder identificar cuándo un virus se ha instalado en nuestro dispositivo, hay que estar atento a todas las señales que hemos nombrado anteriormente. Pero, antes, también es muy importante conocer qué acciones comunes que solemos llevar a cabo pueden ser causantes de la infección.

Estas son algunas causas por las que tu dispositivo puede recibir el ataque de un virus o troyano:

- Instalación de un programa gratuito descargado de internet, sin leer las condiciones.
- Introducción de un USB infectado.
- Visita a un sitio web que ha sido infectado previamente.
- Descarga de archivos de internet ya infectados.
- Apertura de un archivo adjunto desconocido o un enlace de un correo *spam*.
- Apertura de un enlace infectado.
- Visita a páginas maliciosas.
- Descarga de archivos para activar programas piratas.

 ACTIVIDAD COMPLEMENTARIA

8. ¿Alguna vez tu ordenador se ha infectado por un virus? ¿Cómo lo notaste? ¿Cuáles fueron las señales que recibiste? ¿Hiciste algún análisis para comprobarlo? Y, por último, ¿cómo crees que se infectó?

----

4. Cómo eliminar virus y troyanos: principales pasos y programas

 HILO CONDUCTOR

Por último, a Juan le explican cómo puede eliminar esos virus y troyanos en caso de que infecten su ordenador. Así, le nombran los principales antivirus y le demuestran, paso a paso, cómo funcionan dos de los más conocidos.

Una vez hemos detectado que hay un virus en nuestro ordenador, es el momento de proceder a su eliminación. Habitualmente, el dispositivo tendrá instalado un antivirus, por lo que habrá que seguir los pasos descritos a continuación:

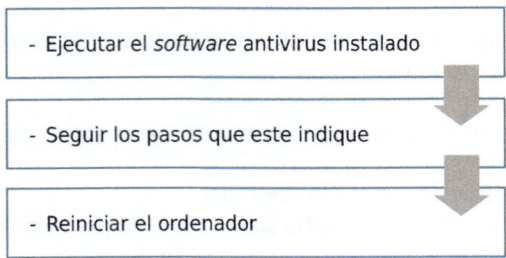

- Ejecutar el *software* antivirus instalado

- Seguir los pasos que este indique

- Reiniciar el ordenador

Si el antivirus no ha dado resultado, se pueden probar otras opciones:

- Reiniciar el ordenador en "Modo a prueba de fallos" y ejecutar de nuevo el antivirus.
- Realizar una "Restauración de sistema" hasta la fecha en que funcionara correctamente y ejecutar de nuevo el antivirus.
- Formatear el ordenador por completo.

Tal y como se ha comentado en varias ocasiones, tener instalado un antivirus es fundamental tanto para detectar si el ordenador ha sido infectado como para eliminar cualquier tipo de virus.

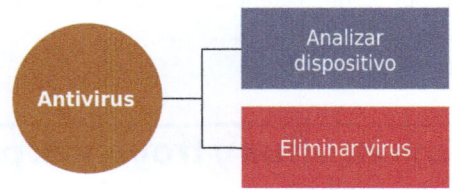

Así pues, existen múltiples opciones de antivirus que se pueden **instalar en el ordenador de manera totalmente gratuita** para recurrir a ellos en caso de necesidad o, simplemente, para realizar análisis periódicos y comprobar el estado del ordenador.

Los principales **antivirus gratuitos** que puedes encontrar son los siguientes:

- **Bitdefender:** este es uno de los antivirus más famosos actualmente y también de los más completos y eficaces, a pesar de ser gratuito. Es idóneo para ordenadores que no sean muy potentes, ya que permite realizar escaneos en segundo plano y silenciosos. No ralentiza el ordenador ni incorpora publicidad.

- **Avira:** es un antivirus muy económico también reconocido como uno de los mejores programas de seguridad actuales. Ofrece a los usuarios una versión gratuita muy eficaz para mantener protegido el ordenador de las posibles amenazas.

- **Avast:** es, sin duda, un gigante en el mundo de los programas de la seguridad. Su nombre es mundialmente conocido y se trata de un antivirus muy completo que, en la actualidad, ofrece también una versión gratuita. De hecho, gracias a ello se estima que está presente en el 40 % de los ordenadores que hay en todo el mundo.
  Este antivirus no solo es eficaz, sino que también destaca por su manejo intuitivo, pues ofrece unas notificaciones muy claras y completas.

- **AVG:** es un antivirus independiente muy reconocido que ofrece una solución de seguridad también eficaz y sencilla de utilizar para dispositivos personales.

- **eScan:** este es uno de los antivirus más seguros y eficaces frente a los *malware*. Permite el escaneo del ordenador, así como la limpieza y reparación en caso de encontrar algún virus, *spyware, adware* o cualquier otro tipo de *malware*.

- **Malwarebytes:** es otro antivirus gratuito muy completo y que se encarga de defender el ordenador, especialmente, de los *malware*. Es muy intuitivo y sencillo de utilizar.

- **Tencent:** se trata del antivirus chino por excelencia, el cual también destaca por su buena resistencia a los *malware*. Así, no solo protege el ordenador frente a los virus, sino que también controla y supervisa los pagos *online,* los enlaces y las búsquedas. Es un antivirus gratuito muy completo.

- **VIPRE:** no es un antivirus gratuito como tal, sino que es una herramienta específica para eliminar únicamente *malware*.

- **Panda:** otro gran conocido en el sector de la seguridad. Panda es un antivirus mítico que ahora ofrece una versión gratuita, muy ligera y sencilla que resulta muy eficaz en la detección de todo tipo de amenazas.

- **ESET:** es un antivirus gratuito que ha sido premiado gracias a su gran eficacia por no diagnosticar falsos positivos. Así, su opción gratuita es también *online* y ayuda a escanear de manera rápida (pero muy completa) el ordenador en busca de *malware*. No es necesario realizar ninguna descarga de *software*.

- **Windows Defender:** esta es la opción que viene de fábrica con cualquier dispositivo que tenga como sistema operativo *Windows 11*. Así, viene instalado de manera nativa y es totalmente gratuito, pues ya está incluido en el dispositivo, y con él no será necesario instalar ningún otro programa extra.

RECUERDA

Todos estos antivirus cuentan también con una versión de pago que suele ser algo más completa.

APLICACIÓN PRÁCTICA

Martina se descargó un programa de internet y ha descubierto que su ordenador, desde entonces, ha empezado a funcionar mucho más lento, se bloquea e incluso hay páginas web a las que tiene bloqueado el acceso. Ella no tiene instalado ningún antivirus, por lo que quiere utilizar alguno que sea _online_ para no tener que descargarse ningún programa ni realizar ninguna instalación. ¿Qué herramienta gratuita podría utilizar?

Solución

ESET ofrece un escáner _online_ para poder analizar el dispositivo y eliminar el virus, en caso de haberlo, de manera gratuita y sin necesidad de tener que descargar ningún tipo de _software_.

Lo cierto es que la mayoría de los antivirus nombrados anteriormente tienen un funcionamiento muy intuitivo. Como su finalidad es proteger el ordenador y ser útil para todos los usuarios que confían en ellos, necesitan contar con una interfaz sencilla, clara y práctica.

A continuación, te mostramos cuál es el funcionamiento de dos de los antivirus gratuitos más conocidos. Empezaremos con el antivirus **Malwarebytes.** Para poder realizar un escaneo con él tendrás que seguir el siguiente proceso:

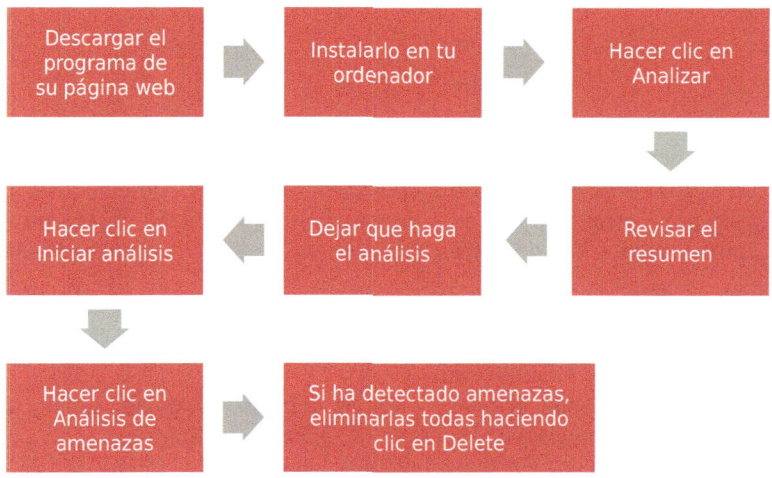

Por su parte, **Avast** también ha conseguido convertirse en uno de los antivirus más reconocidos a nivel mundial gracias a su nivel de eficacia y a su sencillez de uso. Por lo tanto, para realizar cualquier análisis en tu ordenador con este programa debes seguir los siguientes pasos:

1. Descargar el programa de su página web.
2. Instalarlo.
3. Hacer clic en Ejecutar análisis inteligente.
4. Completar el análisis.
5. Observar el resumen.
6. En caso de detectar amenazas, eliminarlas.

 ## ACTIVIDAD COMPLEMENTARIA

9. Repasa el listado de antivirus que te hemos ofrecido y explica cuál sería tu elección en caso de tener que instalar uno en tu ordenador. ¿Por qué?

Por otro lado, puedes realizar una búsqueda por tu parte o nombrar algún otro antivirus que conozcas. ¿Lo has utilizado alguna vez? En caso afirmativo, ¿lo recomendarías?, ¿por qué?

TAREA 8

La semana pasada, David recibió un correo electrónico un tanto extraño con un archivo adjunto. Para comprobar qué era, se descargó el archivo y lo abrió, pero daba error. A partir de entonces, su ordenador ha dejado de funcionar correctamente. Los principales problemas que presenta son los siguientes:

- El ordenador se bloquea y empieza a tener un funcionamiento extraño.
- Se ejecutan programas inesperadamente.
- El ordenador va muy lento.
- Hay algunas aplicaciones y páginas web que han dejado de funcionar.
- Algunos archivos personales se modifican o desaparecen.
- El disco duro está en constante funcionamiento.

Él está seguro de que un virus ha infectado su ordenador y un amigo le ha recomendado que pruebe con el antivirus Malwarebytes.

Actúa como si fueras David. ¿Qué crees que pudo infectar su ordenador? ¿Qué tipo de virus ha afectado su ordenador, teniendo en cuenta las señales? ¿Qué pasos debe seguir para analizar el ordenador y posteriormente repararlo?

---

5. Resumen

Hoy en día, los principales **virus** que pueden atacar un ordenador son los siguientes:

- ⮞ *Adware.*
- ⮞ *Spyware.*
- ⮞ Falso antivirus o falso soporte técnico.
- ⮞ *Troyano.*
- ⮞ *Ransomware* o *software* de extorsión.
- ⮞ Mineros de *bitcoin* y criptomonedas.

Estar atento a las diferentes señales que puede estar mandando un ordenador cuando ha sido infectado es fundamental, pues de este modo podremos saber que es el momento de realizar un análisis y eliminar dicho virus. Eso sí, cada virus lanza unas señales diferentes (aunque algunas son compartidas).

El análisis del ordenador se puede realizar de diferentes formas:

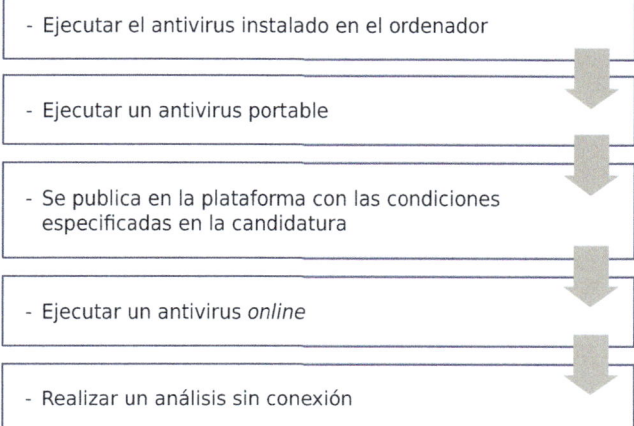

- Ejecutar el antivirus instalado en el ordenador

- Ejecutar un antivirus portable

- Se publica en la plataforma con las condiciones especificadas en la candidatura

- Ejecutar un antivirus *online*

- Realizar un análisis sin conexión

Una vez realizado el análisis, el antivirus indica si este ha sido infectado o no. Así, para eliminar el virus tan solo hay que realizar los siguientes pasos:

➲ Ejecutar el *software* antivirus instalado.
➲ Seguir los pasos que este indique.
➲ Reiniciar el ordenador.

Los **principales antivirus gratuitos** que están disponibles hoy en día y que son muy efectivos son:

Ejercicios de autoevaluación
Unidad de Aprendizaje 6

1. Determina si la siguiente oración es verdadera o falsa: "Cuando un virus afecta a un dispositivo, un *hacker* toma el control del mismo".

   ■ Verdadero
   ■ Falso

2. ¿Qué nombre recibe el *software* de extorsión?

   a. *Adware.*
   b. *Spyware.*
   c. *Ransomware.*
   d. Troyano.

3. El _____ es un virus que se dedica a mostrar publicidad en el ordenador y en el navegador web.

   a. *adware*
   b. *spyware*
   c. *bitcoin*
   d. *hardware*

4. ¿Qué virus ha infectado el ordenador si tanto la CPU como la GPU están siempre al 100 %?

   a. *Ransomware.*
   b. *Spyware.*
   c. Minero de *bitcoin.*
   d. *Adware.*

5. ¿Qué tipo de antivirus es aquel que se ejecuta a través de una memoria USB?

   a. Instalado en el ordenador.
   b. Portable.
   c. *Online.*
   d. Sin conexión.

6. ¿Cuál de las siguientes es una posible causa de infección del ordenador?

    a. Apertura de un enlace infectado.
    b. Descarga de archivos de internet ya afectados.
    c. Visita a páginas maliciosas.
    d. Todas las opciones son correctas.

7. Determina si la siguiente oración es verdadera o falsa: "Un antivirus solo es válido para eliminar un virus, no para analizar el ordenador".

- Verdadero
- Falso

8. ¿Qué nombre recibe el antivirus de fábrica de Windows 11?

    a. Avast Windows.
    b. Windows Defender.
    c. Windowsware.
    d. Malwarewindows.

9. ¿Cuál es un antivirus de procedencia china?

    a. AVG.
    b. VIPRE.
    c. ESET.
    d. Tencent.

10. Ordena cronológicamente los pasos que hay que seguir para que funcione Avast:

- Descargar el programa de su página web.
- Instalarlo.
- En caso de detectar amenazas, eliminarlas.
- Hacer clic en "Ejecutar análisis inteligente".
- Completar el análisis.
- Observar el resumen.

Glosario

Actualización
Se trata del proceso por el cual se instala la última versión de un dispositivo o programa, en la que se incluyen mejoras. Se compone de un paquete de datos.

Baidu
Motor de búsqueda más utilizado en China.

Content Curator
Persona que se encarga de la curación de contenidos, es decir, de seleccionar la información más relevante, organizarla y agruparla para después poder compartirla, aumentando así la interacción con los usuarios.

Correo *spam*
También llamado correo basura, hace referencia a esos correos que no son deseados y que han sido enviados de manera masiva.

Criptomoneda
Es una moneda digital (o medio digital de intercambio) que utiliza criptografía y vuelve las transacciones mucho más seguras. La criptomoneda más conocida en la actualidad es *bitcoin*.

Diálogo
Conversación entre dos o más personas.

FAQs
Preguntas frecuentes. Apartado de una web que da respuesta a las preguntas más comunes que tienen los usuarios al respecto.

Google
Motor de búsqueda más utilizado en Europa y Estados Unidos.

Hardware
Elementos físicos que constituyen el ordenador.

Monólogo
Discurso que mantiene una persona consigo misma.

Motor de búsqueda
Sistema informático que encuentra y muestra sitios web relacionados con el término sobre el que se ha realizado la búsqueda.

Naver
Motor de búsqueda más utilizado en Corea del Sur.

Ofimática
Aplicación de la informática a los trabajos y técnicas de oficina.

Operador booleano
Nombre que reciben los operadores de búsqueda. Son comandos especiales que se pueden utilizar a la hora de realizar búsquedas de información en buscadores para conseguir acotar al máximo los resultados.

Retoque fotográfico
Se trata de una técnica de posproducción que se utiliza para modificar una imagen, con el objetivo de mejorar su calidad, aumentar su realismo o elaborar una composición completamente distinta.

Sistema operativo
Conjunto de programas y órdenes que controlan los procesos básicos del ordenador. Permite su funcionamiento.

Smartphone
Teléfono móvil que cuenta con pantalla táctil y que permite realizar tareas más allá de llamar o enviar mensajes, como conectarse a internet, instalar aplicaciones o hacer fotografías.

Software
Conjunto de programas que permiten al ordenador realizar determinadas tareas.

Yandex
Motor de búsqueda más utilizado en Rusia.

Bibliografía

Textos electrónicos, bases de datos y programas informáticos

→ *10 consejos de seguridad para dispositivos móviles,* de: <https://leader-network.com/movilidad/10-consejos-de-seguridad-para-dispositivos-moviles/>.

> Interesante artículo en el que se recogen una serie de recomendaciones para mantener protegido un dispositivo móvil.

→ *5 herramientas de curación de contenidos imprescindibles,* de: <https://www.40defiebre.com/herramientas-curacion-contenidos>.

> Artículo con las principales herramientas de curación de contenido, donde se describen y especifica para qué sirve cada una de ellas.

→ *7 ventajas de usar Dropbox,* de: <https://mydatascope.com/blog/es/7-ventajas-de-usar-dropbox/>.

> Texto en el que se resumen las principales ventajas de Dropbox.

→ *8 tipos de virus informáticos que debes conocer,* de: <https://www.kyoceradocumentsolutions.es/es/smarter-workspaces/insights-hub/articles/8-tipos-virus-informaticos-debes-conocer.html>.

> Artículo en el que se desglosan los principales tipos de virus informáticos, en función de la zona del ordenador en la que se instalan o atacan.

→ *Almacenamiento de archivos en la nube,* de: <https://aws.amazon.com/es/what-is-cloud-file-storage/>.

> Completo artículo que recoge el concepto de almacenamiento en la nube, hablando de sus beneficios y de algunos casos de uso.

→ *Aplicaciones de Google Drive,* de: <https://www.google.es/drive/apps.html>.

> Apartado de la página web de *Google* en el que se detallan todas las aplicaciones que están incluidas en *Google Drive.*

→ *Características y tipos de herramientas ofimáticas,* de: <https://smartpeme. depo.gal/documents/10180/251588/Herramientas+ofimáticas/9b1a4a07-fe7d-4eb9-9ee6-efad00ec71f9;jsessionid=16BCE74C0471D03CD11294C7 2BEBC6F4?version=1.0>.

> Texto de formación en el que se detalla todo sobre las herramientas ofimáticas: qué son, que aportan, qué tipos hay...

→ *Certificados,* de: <https://www.sede.fnmt.gob.es/certificados>.

> Sección de la página web de la Sede Electrónica de la Fábrica Nacional de Moneda y Timbre en la que se explica qué es el certificado digital, qué tipos hay y cómo se puede conseguir.

→ *Cómo detectar, evitar y eliminar virus y malwares,* de: <https://www.nitro-pc. es/blog/como-detectar-evitar-y-eliminar-virus-y-malwares/>.

> Completo artículo que explica cómo se pueden detectar y eliminar los principales virus. También ofrece un listado de algunas acciones que pueden hacer que el ordenador se infecte.

→ *Cómo detectar virus en mi ordenador,* de: <https://www.softzone.es/ programas/antivirus/detectar-virus-ordenador-encontrar-eliminar/>.

> Muy completo artículo en el que se detallan las diferentes pistas y señales que se pueden observar en un ordenador cuando este ha sido infectado, según el tipo de virus que se haya instaurado.

→ *Cómo detectar y limpiar un virus, spyware, malware u otro software malintencionado,* de: <https://www.sony-latin.com/es/electronics/support/articles/00010701>.

> Interesante texto en el que se recogen los pasos que seguir para eliminar cualquier virus que se haya instalado en el ordenador.

→ *Cómo evaluar la calidad de una fuente en Internet,* de: <https://www.universia. net/ar/actualidad/orientacion-academica/como-evaluar-calidad-fuente-internet-1144813.html>.

> Artículo en el que se detallan algunos criterios que son muy útiles para evaluar la calidad de las fuentes que se pueden encontrar en internet.

→ *Cómo funciona Google Drive [Tutorial completo],* de: <https://blog.hotmart.com/es/google-drive/>.

> Muy completo artículo en el que se recoge toda la información relativa a la herramienta Google Drive: desde cómo funciona a qué incluye, pasando por cuáles son las principales ventajas.

→ *Cómo funciona un antivirus. Tipos, funciones y sus limitaciones,* de: <https://ceminfor.es/como-funciona-antivirus/>.

    Interesante artículo que recoge qué es un antivirus, qué tipos hay y cuáles son sus principales funciones.

→ *Consejos a la hora de instalar programas en un ordenador nuevo,* de: <https://www.gadae.com/blog/instalar-programas-ordenador-nuevo/>.

    Se trata de un artículo muy interesante con una serie de consejos que tener en cuenta para instalar programas en el ordenador sin problemas y sin comprometer su seguridad.

→ *Criterios para evaluar fuentes de información provenientes de internet,* de: <http://eprints.rclis.org/19297/1/CriteriosparaEvaluarFuentes.pdf>.

    Interesante texto en el que se reflejan los principales criterios que deben tenerse en cuenta para valorar la veracidad de las fuentes de información que se encuentran en internet.

→ *¿Cuáles son los principales peligros en internet?,* de: <https://blocs.xtec.cat/dflores2/2017/11/06/cuales-son-los-principales-peligros-en-internet/>.

    Artículo en el que se detallan los principales riesgos en internet y en qué consiste cada uno de ellos.

→ *Derechos de autor y licencias de uso libre,* de: <https://rua.ua.es/dspace/bitstream/10045/46569/1/ci2_avanzado_2014-15_Derechos-de-autor-y-Licencias-Uso-Libre.pdf>.

    Texto electrónico muy interesante que profundiza en el tema de los derechos de autor y de las licencias: en qué consisten y cuáles son los diferentes tipos y clasificaciones.

→ *Derechos de autor y uso de licencias,* de: <http://arts.recursos.uoc.edu/labdoc/es/derechos-de-autor-y-uso-de-licencias/>.

    Muy completo artículo en el que se desglosa el tema de los derechos de autor y de las licencias.

→ *Drivers (informática) | Qué son, para qué sirven, tipos y cómo funcionan,* de: <https://247tecno.com/drivers-para-que-sirven-como-funcionan/>.

    Completo artículo en el que se recogen cuáles son los principales tipos de drivers y para qué sirven.

→ *Dropbox,* de: <https://www.dropbox.com/es_ES>.

    Página web oficial de la herramienta Dropbox, en la que se detalla al máximo qué es, cómo funciona, para qué sirve y qué planes ofrece.

→ *El ataque de "ransomware" se extiende a escala global,* de: <https://elpais.com/tecnologia/2017/05/12/actualidad/1494586960_025438.html>.

Artículo publicado en *El País* que recoge el ataque de un *ransomware* que puso en jaque a algunas de las empresas más importantes a nivel mundial.

→ *Foros, ¿qué son, utilidad, ventajas y desventajas?,* de: <http://nellydemayusa.blogspot.com/2015/07/foros-que-son-utilidad-usos-ventajas-y.html>.

Artículo en el que se desglosa el concepto de foro, así como cuáles son sus principales utilidades y ventajas.

→ *Influencia de las tecnologías digitales,* de: <https://www.un.org/es/un75/impact-digital-technologies>.

Artículo en el que se habla sobre la importancia de las tecnologías digitales y cómo estas influyen de manera directa en diferentes ámbitos.

→ *Internet como medio de comunicación,* de: <https://forbes.es/empresas/53352/internet-como-medio-de-comunicacion/>.

Completo artículo de *Forbes* que hace hincapié en las posibilidades de internet como medio de comunicación actualmente.

→ *La importancia de las actualizaciones,* de: <https://www.lsisoluciones.com/la-importancia-de-las-actualizaciones/>.

Texto en el que se resume la importancia de las actualizaciones en el ordenador, sin importar el sistema operativo al que pertenezcan. También presenta una breve clasificación de las actualizaciones.

→ *Las redes sociales como fuente de información para los jóvenes,* de: <http://www.duomocomunicacion.com/index.php/es/duomo-blog/7-blog/80-las-redes-sociales-como-fuente-de-informacion-para-los-jovenes>.

Artículo en el que se habla sobre un estudio que muestra cómo las redes sociales se han convertido, actualmente, en fuente de información para los jóvenes.

→ *Licencias y derechos de autor,* de: <https://davidgscom.blogspot.com/2018/01/licencias-y-derechos-de-autor.html>.

Texto que recoge las principales peculiaridades de las licencias y de los derechos de autor, así como las diferentes tipologías que existen.

→ *Proteger mi PC contra los virus,* de: <https://support.microsoft.com/es-es/windows/proteger-mi-pc-contra-los-virus-b2025ed1-02d5-1e87-ba5f-71999008e026>.

Guía de recomendaciones elaborada por Microsoft y destinada a los usuarios, con una serie de consejos y recomendaciones para proteger el ordenador frente a los virus.

→ *¿Qué es una actualización y qué tipos de actualizaciones existen? Definición y ejemplos,* de: <https://internetpasoapaso.com/que-es-una-actualizacion/>.

> Completo artículo en el que se desglosa el concepto de actualización en el ordenador y cuáles son las diferentes modalidades que existen. Todo se acompaña de ejemplos que lo convierten en un texto muy rico e interesante.

→ *¿Qué es el almacenamiento en la nube?,* de: <https://www.redhat.com/es/topics/data-storage/what-is-cloud-storage>.

> Interesante artículo en el que se explica el concepto de almacenamiento en la nube y se hace una clasificación de las principales tipologías.

→ *Qué es Google Meet y cómo usarlo,* de: <https://www.trecebits.com/2020/04/27/que-es-google-meet-y-como-usarlo/>.

> Completo texto en el que se desglosa a fondo la herramienta de Google Meet: se explica qué es, cuáles son sus principales funcionalidades y cómo se utiliza.

→ *¿Qué es la curación de contenidos (content curator) y cómo hacerlo?,* de: <https://www.xplora.eu/curacion-de-contenidos/#que_es_la_curacion_de_contenido_o_content_curation>.

> Completo artículo en el que se detalla en profundidad el tema de la curación de contenidos, haciendo referencia tanto a su definición como a los diferentes tipos, herramientas y demás elementos que la componen.

→ *¿Qué es la seguridad de la red?,* de: <https://www.networkworld.es/seguridad/que-es-la-seguridad-de-la-red>.

> Artículo que habla sobre la seguridad de la red y las herramientas que se pueden utilizar para protegerla.

→ *¿Qué es Skype?,* de: <https://support.skype.com/es/faq/FA6/que-es-skype>.

> Apartado de la página web de Skype que explica a la perfección en qué consiste su herramienta.

→ *¿Qué es un antivirus? La definición y los 5 ejemplos principales,* de: <https://softwarelab.org/es/que-es-un-antivirus/>.

> Texto en el que se define el concepto de antivirus y se ofrecen algunos ejemplos muy interesantes.

→ *¿Qué es un chat?,* de: <https://www.fotonostra.com/digital/chats.htm>.

> Un texto completo que define el concepto de chat.

→ *¿Qué es un Firewall y cómo funciona?,* de: <https://idgrup.com/firewall-que-es-y-como-funciona/>.

> Completo artículo en el que se describe qué es un *firewall*, cuáles son sus principales funciones y por qué es bueno tener uno en el ordenador.

→ *¿Qué es Zoom y cómo funciona? Además de consejos y trucos,* de: <https://www.pocket-lint.com/es-es/aplicaciones/noticias/151426-que-es-el-zoom-y-como-funciona-ademas-de-consejos-y-trucos>.

> Interesante artículo en el que se habla sobre la herramienta Zoom y se recogen algunos consejos y trucos para poder sacarle el máximo partido.

→ *Qué son los drivers o controladores y cómo conseguirlos,* de: <https://www.aboutespanol.com/que-son-los-drivers-o-controladores-y-como-conseguirlos-3507888>.

> Artículo dedicado especialmente a los *drivers* de periféricos: se detalla qué son, por qué son importantes en el funcionamiento del ordenador y por qué es necesario mantenerlos al día.

→ *¿Qué son los wikis?,* de: <http://www.isabelperez.com/taller1/wiki.htm>.

> Interesante artículo en el que se habla sobre el concepto de wiki, mostrando las principales características y peculiaridades que lo conforman.

→ *Seguridad de datos: En qué consiste y qué es importante en tu empresa,* de: <https://www.powerdata.es/seguridad-de-datos>.

> Interesante artículo que da pistas sobre qué acciones se pueden llevar a cabo para proteger la red de datos de una manera eficiente.

→ *Tipos de antivirus: clasificación y funciones,* de: <https://incuatro.com/tipos-de-antivirus/>.

> Texto en el que se presenta una clasificación muy interesante de los antivirus: en función de cómo se comportan frente a los virus.

→ *Tipos de suplantación de identidad,* de: <https://protecciondatos-lopd.com/empresas/suplantacion-de-identidad/#Tipos_de_suplantacion_de_identidad>.

> Artículo que recoge los diferentes tipos de suplantación de identidad que se pueden dar hoy en día.

→ *Usar operadores en búsquedas de información,* de: <https://www.bibliopos.es/uso-operadores-busquedas-informacion/>.

> Artículo sobre los operadores de búsqueda y cómo se pueden obtener buenos resultados con ellos.

→ *Uso básico del sistema operativo,* de: <https://learndigital.withgoogle.com/activate/course/digital-skills/lesson/1182>.

> Interesante formación audiovisual en la que se detalla cómo funciona un sistema operativo y cuáles son sus principales funcionalidades.

→ *Ventajas de las herramientas ofimáticas,* de: <https://www.euroinnova.edu.es/blog/ventajas-de-las-herramientas-ofimaticas>.

> Artículo en el que se detallan todas las ventajas y desventajas de las herramientas ofimáticas, así como algunas de sus principales funcionalidades.

→ *Wikis,* de: <https://multimedia.uned.ac.cr/pem/herramientas_colaborativas/wiki/pag/definicion.html>.

> Recurso multimedia muy completo que desglosa al máximo el concepto de wiki: definición, historia, curiosidades, tipos, cuáles son las más famosas...